The Israel Trail
Ten Stops on the Road to Being Israel

כתיבה ועריכה: דודי אהרוני, רואי אקוקה, נגה זמיר, רונית שי.
ליקוט ומיון קטעי מקור: מרגלית ונטורה, ענבל גוילי. **עריכת**
לשון: שרון ברזילי.
הגהה: רחל לייטמן-לבנת.
עיצוב: סטודיו פרי.
הבאה לדפוס: יוסף לוינסקי.

תודות לחברים והחברות שעזרו מכל הלב (בסדר הא"ב):
אורן לוי, איילה ואסף משה, אריה קדוש, חגית ברוך,
חיים וסיגל רץ, יערה גוטפריד, מיכאל סנילביץ',
נועה דותן, ניצה מזוז, רונן אביגדור.

2023@ כל הזכויות שמורות לעמותת "בני ברוך - קבלה לעם"
ISBN 978-1-77228-154-5

www.kab.co.il

מהדורה ראשונה: ספטמבר 2023
הדפסה ראשונה

בשביל ישראל

10 תחנות בדרך להיות ישראל

תוכן העניינים

תחנה 1: בבל 8
שפה אחת לכולם 10
מגדל בבל 12
אברהם אבינו 16

תחנה 2: בית אברהם 20
אברהם ונמרוד 22
הטבע = א-להים 24
ההתיישבות בכנען 26
יסוד עם ישראל 28

תחנה 3: מצרים 32
יוסף ואחיו 34
פרעה 36
גלות מצרים 38
משה רבנו 40
נס יציאת מצרים 44

תחנה 4: במדבר 46
הר סיני 48
קבלת התורה 52
ירושת אבות 56
מתחלקים לעשיריות 58

תחנה 5: ארץ ישראל 60
כיבוש הארץ 62
ירושלים הבנויה 66
בית המקדש הראשון 70

תחנה 6: חורבן הבית הראשון 72
התפוררות חברתית 74
גלות בבל 76

תחנה 7: שיבת ציון 80
בית המקדש השני 82
היוונים והמתייוונים 84
חורבן הבית 88
רבי עקיבא 92
כתיבת ספר הזוהר 94

תחנה 8: אלפיים שנות גלות 98
גלות ונדודים 100
האר"י הקדוש 102
הבעל שם טוב 106
עקרונות החסידות 110
החלוצים הראשונים 114
השואה 118

תחנה 9: ארץ ישראל 122
מולדת 124
מהות ישראל 126
ההזדמנות 130

תחנה 10: סגירת מעגל 132
בבל המודרנית 134
הדור האחרון 136

הקדמת המחבר

אני אוהב את השילוב שקיים בעם ישראל, בין תקווה לנכונות לסבול. הוא משתלשל מלמעלה, מהשורש הרוחני שלנו, ושומר אותנו כאומה נצחית חרף כל התלאות, שעברנו במשך הדורות ועודנו עוברים.

מאותו שורש עליון צומח גם השילוב המיוחד שקיים בתוכנו מראשית דרכנו, בין שנאה לאהבה, בין דחייה למשיכה. באותם ניגודים הדרים בנו בכפיפה אחת, טמון סוד תפקידנו, שתכליתו גבוהה מאוד כלפי האנושות כולה והבריאה בכללה.

הספר הזה, "בשביל ישראל", נאגד ונערך במיוחד בשבילנו, חברי האומה הישראלית, כדי להבליט את תחנות דרכנו. כך יקל עלינו לעקוב וללכת בשביל המוביל אל תכליתנו. כל תחנה בדרך האומה מתוארת בקצרה, ומהווה הקדמה שמטרתה להציג את הציטוטים המקובצים בה ולתת להם לדבר בעד עצמם.

הציטוטים לקוחים מהתורה, מדבריהם של חכמי ישראל, מאבות האומה ומהמקובלים לדורותיהם. רבים מהציטוטים נשאבו מכתבי המורים שלי, הרב יהודה לייב הלוי אשלג ("בעל הסולם") ובנו הרב ברוך שלום הלוי אשלג (הרב"ש), משום שהם חיו ממש בינינו בראשית דורנו, ולכן הם קרובים אלינו בשפתם הגלויה. יחד עם כל הציטוטים משלל תקופות ישראל, מצטיירת מפה נאמנה של הדרך שהוכנה במיוחד בשבילנו כדי שנלך בה בשמחה וברצינות ונצליח.

מסע מהנה,
הרב ד"ר מיכאל לייטמן

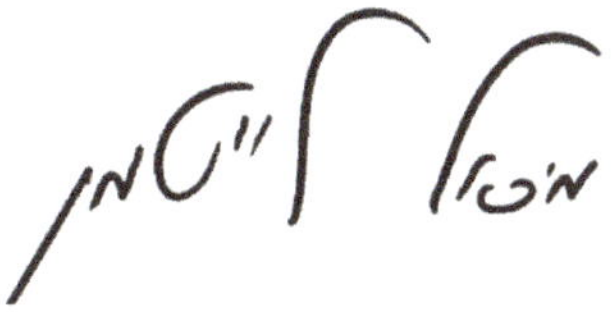

הקדמת העורכים

בתקופה האחרונה שאלת הזהות שלנו, עם ישראל, מתעוררת לחיים ועולה לדיון: מי אנחנו, אומה ככל האומות או עם נבדל? מה אנחנו, יותר ישראלים או יותר יהודים? אילו רעיונות, שאיפות ומטרות עומדים מאחורי ההגדרות האלה?

אומנם השאלות צפות בעקבות ריבים מכוערים, עימותים כואבים ופילוג קשה בינינו, אבל מוטב שיעלו אפילו כך וידרשו מאיתנו למצוא תשובות עמוקות, טובות ובהירות, מאשר שנמשיך לטאטא אותן מתחת לשטיח, ככל שנצליח, כדי לא להתמודד עם השאלות המהותיות של חיינו כאומה וכמדינה.

בדרך פלא, אחרי אלפי שנות גלות ונדודים, רדיפות ופוגרומים, שסופן בשואה איומה ובמאמץ חלוצי עצום, חזרנו לאדמת ישראל והקמנו בה מדינה. אנחנו מדברים בשפה העברית, בנינו צבא חזק, כלכלה יציבה ותעשייה פורצת דרך – כביכול כל מה שחלמו עליו מקימי היישוב. אולם למרות השפע הבלתי נתפס שנוצר מכלום ובזמן אפס, אנחנו נמצאים בשפל חברתי מבהיל שעלול לגרום לכך שהכול יילקח מאיתנו בן רגע, וזאת סיבה טובה לשאול מי אנחנו.

אין צורך באויבים שינצלו את החולשה החברתית שלנו ויזרקו אותנו מכאן, ישראלים רבים כבר שוקלים לעזוב, הם בוחנים את מדינת ישראל במבט תועלתני, "שווה להישאר או לא שווה להישאר". גישתם היא תוצאה של חוסר עיסוק בשאלות מהותיות על הזהות הישראלית, של בקיאות קלושה במקורות של גדולי האומה, תוצר של הזנחת הרוח.

אם היינו יודעים מי אנחנו ומאין באנו, כל הספקות והבעיות היו מתפוגגים. כל מה שנראה לנו היום נוצץ היה מאפיר. כל מה שנראה לנו מושך היה משמים. דבר לא היה ממלא לנו את הימים והלילות, הלב והמחשבות, מלבד לשוב להיות מי שאנחנו, אלו שהתקבצו לפני אלפי שנים סביב אברהם אבינו וקיבלו על עצמם משימה קדושה שמחכה להתממש היום. אם כך, האושר שלנו תלוי בשאלה "מי אנחנו?".

אנחנו מזמינים אתכם לצאת למסע שמתחיל עם אבותינו בבבל העתיקה ומסתיים איתנו בבבל המודרנית. זהו מסלול מעגלי שאת דרכו מאירים דבריהם של גדולי האומה, והוא עובר בין כל המאורעות שפקדו אותנו מאז ועד היום. מסע של גלויות וגאולות, ניצחונות ומפלות, היפרדויות והתאחדויות, שנאות ואהבות, מסע שיעזור לנו להבין מי אנחנו באמת.

**דרך צלחה,
צוות העורכים**

שפה אחת לכולם
מגדל בבל
אברהם אבינו
KAZAKHSTAN
MONGOLIA
Lake Balkhash
Urumqi
KYRGYZSTAN
TAJIKISTAN
CHINA
PAKISTAN
New Delhi
NEPAL
BHUTAN
Karachi
Kolkata
INDIA
Mumbai
Arabian Sea
Bay of Bengal
LAOS
THAILAND
LAKSHADWEEP (INDIA)
SRI LANKA
MALDIVES

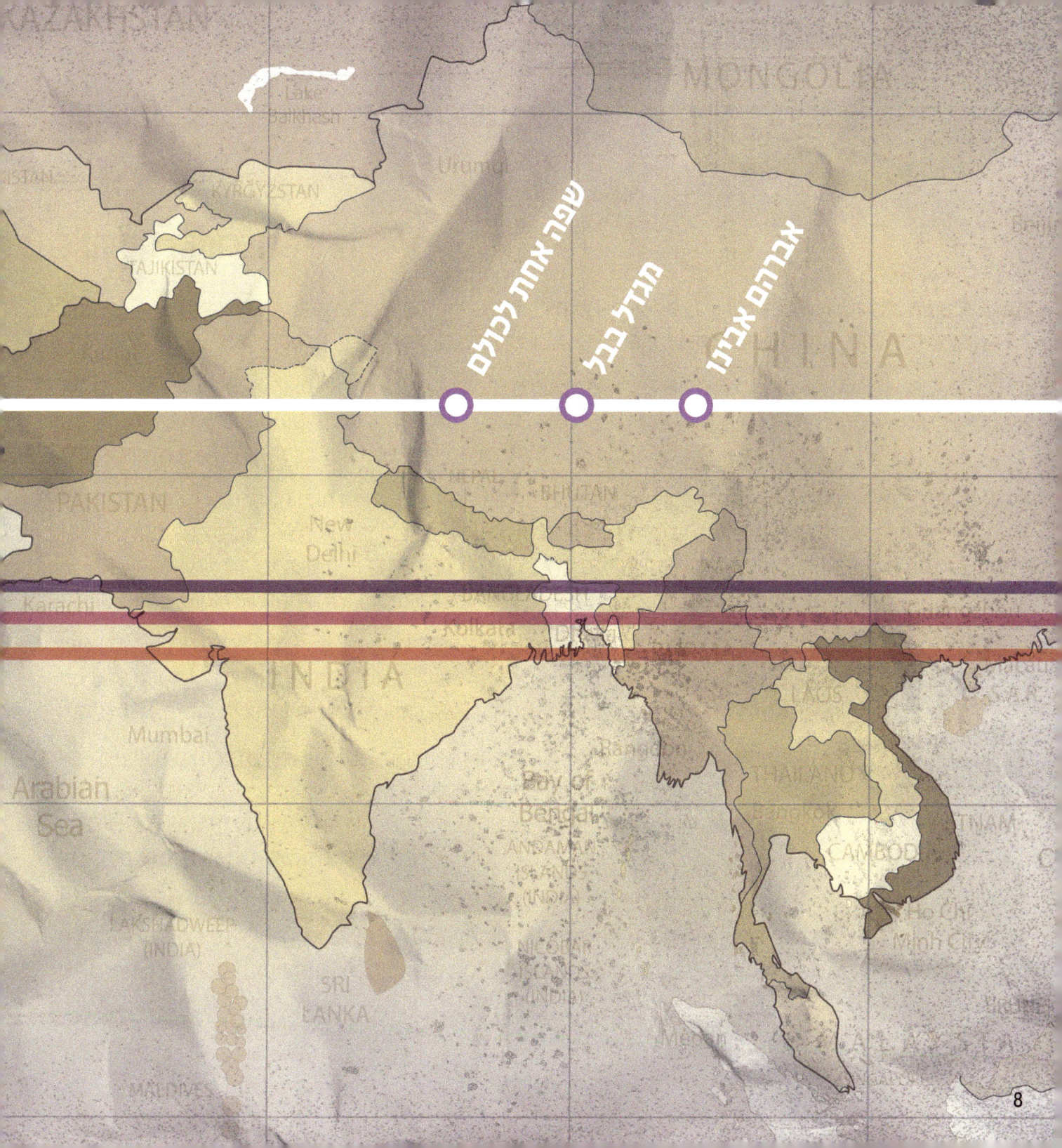

תחנה 01
בבל

ROMANIA
Black Sea
TURKEY
Mediterranean Sea
IRAQ
Caspian Sea
Tehran
Persian Gulf
Riyadh
EGYPT
SAUDI ARABIA
Red Sea
SUDAN
Khartoum
YEMEN
Addis Ababa
ETHIOPIA
SOUTH SUDAN
CENTRAL AFRICAN REPUBLIC
SOMALIA
Kisangani

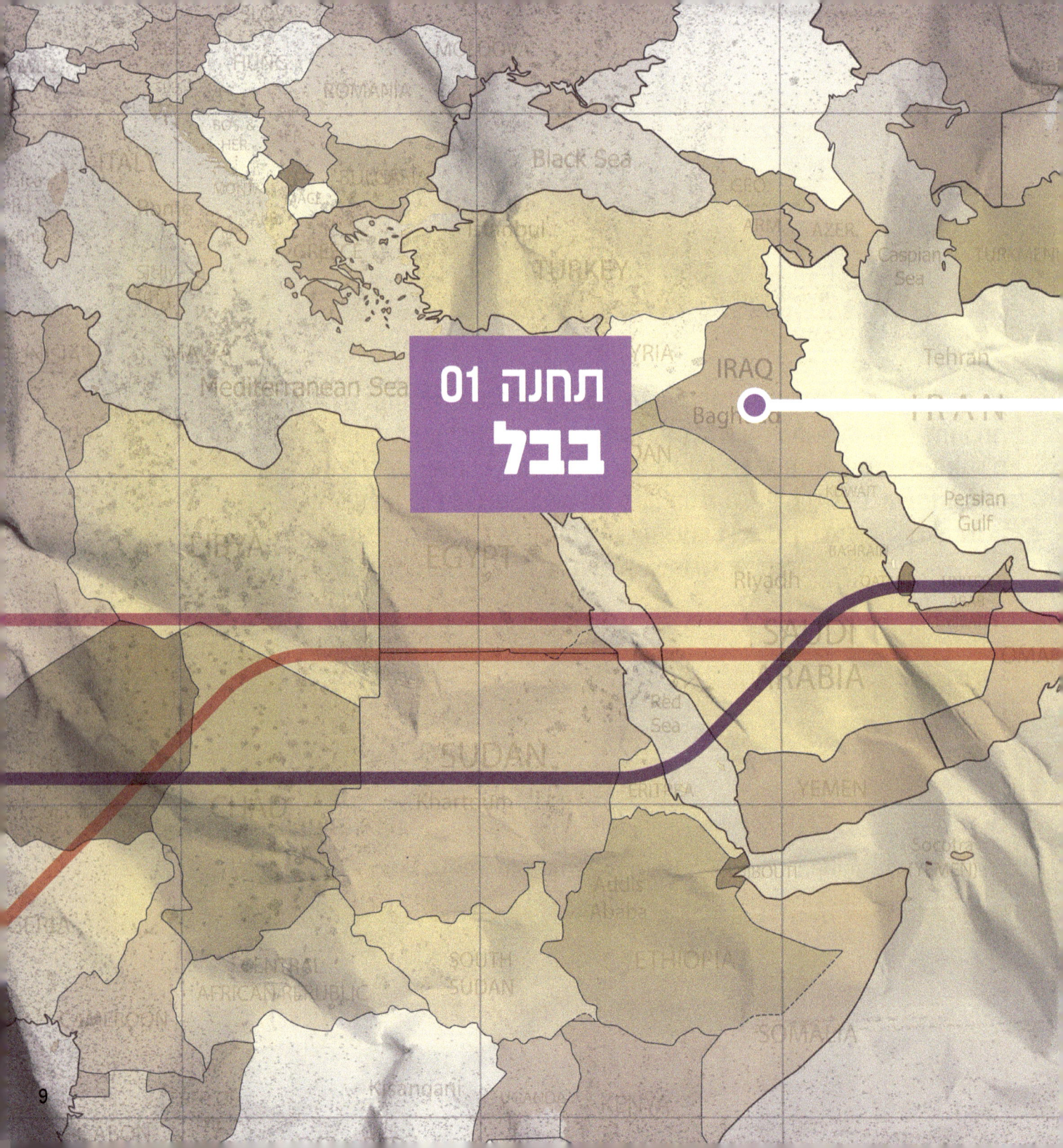

שפה אחת לכולם

שפה אחת לכולם

מגדל בבל

אברהם אבינו

סיפורנו מתחיל לפני כ-3,800 שנה במסופוטמיה, עיראק של היום, הנמצאת בין נהרות הפרת והחידקל. שם שכנה ממלכת בבל העתיקה, ובה החלה להתפתח הציוויליזציה, התרבות האנושית. באותם ימים ההנאות היו פשוטות, האנשים הסתפקו במילוי הצרכים הבסיסיים: מזון, קורת גג, חיים שלווים. הייתה ביניהם קרבה טבעית, הם הרגישו והבינו איש את רעהו ללא צורך במילים כי כולם דיברו באותה לשון: שפת האחדות של הטבע, שפתו של אלוהים.

מן המקורות:

בעת ההיא חיו חיי המשפחה בהַשקֵט ובטח, ולא רבו הצרכים והקניינים כל כך, ועניניהם היו מועטים ושווים.

(מלבי"ם, "על בראשית")

"ויהי כל הארץ", כל בני הארץ היו שפה אחת. כלומר, לשון אחד היו מדברים כולם. "ודברים אחדים", הסכמה אחת הייתה להם.

(הרד"ק, "על בראשית")

ויהי כל הארץ שפה אחת ודברים אחדים.

(בראשית י"א, א')

מגדל בבל

שפה אחת לכולם

מגדל בבל

אברהם אבינו

אחר כך גדלו הרצונות. סוגי ההנאות שהתאוו להם אנשי בבל התרחבו ויצאו מגדר מילוי צורכי הגוף, והם גילו שהם יכולים להשתמש בכוחות הטבע לטובת הנאתם, לתועלת עצמם. כך החלה להתפתח תנועה של יזמות: הומצא הגלגל, התפתחו אמונות שונות, מדעים ומסחר, ובעצם כל דבר שיכול היה לספק לבני אדם רווחים אישיים.

אבל השימוש בכוח הטבע לתועלת עצמית הוא עבודה זרה, סטייה מחוקי האלוהות. לכן, היוזמה לבנות מגדל וראשו בשמיים, שמשמעותה להכפיף את כוח האחדות לאגו ולאנוכיות, ועל הדרך לרמוס זה את זה באכזריות, הובילה לכך שהבבלים הפסיקו להבין זה את זה, ובסופו של דבר נפרדו והתפזרו.

מן המקורות:

ויאמרו הבה נבנה לנו עיר ומגדל בשמיים, ונעשה לנו שֵׁם, פן נפוץ על פני כל הארץ. וַיֵּרֶד ה' לראות את העיר ואת המגדל, אשר בנו בני האדם. ויאמר ה', הן עם אחד ושפה אחת לכולם, וזה הַחִלָּם לעשות, ועתה לא ייבצר מהם כל אשר יזמו לעשות. הבה נרדה וְנָבְלָה [ונבלבל] שם שפתם, אשר לא ישמעו איש שפת רעהו. ויפץ ה' אותם משם על פני כל הארץ, ויחדלו לבנות העיר. על כן קרא שמה בבל, כי שם בלל ה' שפת כל הארץ, ומשם הפיצם ה' על פני כל הארץ.

(בראשית י"א, ד'-ט')

בדור הַפַּלָּגָה,
נעשה פירוד
במין האנושי.

(רבי שמואל בורנשטיין מסוכטשוב)

ויאמרו הבה נבנה לנו עיר ומגדל בשמיים. הבה, זו הזמנה, דיבור בלי מעשה, אלא שהדיבור שאמרו, גרם בניין עיר ומגדל למעלה, וכולם באו בעצה הרעה למרוד בהקב"ה, ובאו בשטות בטיפשות הלב.

("זוהר לעם", מאמר "עיר ומגדל")

לא היו שם [בבבל] אבנים לבנות את העיר ואת המגדל, מה היו עושים? היו מלבנים לבנים, ושורפים אותן כיוצר חרש עד שבנו אותו גבוה. אלו שהיו מעלים את הלבנים היו עולים ממזרחו, ואלו שהיו יורדים היו יורדים ממערבו, ואם נפל אדם ומת לא שמים את ליבם עליו, ואם נפלה לבנה אחת היו יושבים ובוכים ואומרים "אוי לנו, אימתי תעלה אחרת תחתיה?".

("פרקי דרבי אליעזר", כ"ד)

דור הפלגה, שהתאחדו אגודה אחת אחר שראו הכיליון שנעשה בדורות אשר קדמו להם דור אנוש ודור המבול, ואמרו זה לזה בואו ונעשה תחבולה שמעתה יוכרח השי"ת להשכין שכינתו בנו, ועשו אגודה אחת באהבה ואחדות, בחושבם שעל ידי זה יוכרח השי"ת לשכון בהם ולהשפיע להם כל הטובות.

(רבי יעקב ליינר מאיזביץ, "בית יעקב על התורה")

דור הפלגה כפרו בשם המיוחד ולכך העניש בשמו הגדול והראה להם כוחו, וזהו לשון וַיֵּרֶד, הרי שכל אחד נענש במה שחטא בו, והיה עונשם מידה כנגד מידה, כשם שהפרידו הם מה שהיה מחובר ומיוחד, כן השי"ת הפריד חיבורם והפיץ אותם על פני כל הארץ.

(רבנו בחיי בן אשר, "רבנו בחיי")

שפה אחת לכולם

מגדל בבל

אברהם אבינו

אברהם אבינו

באותה בבל חי וגדל אברהם. הוא היה בן למעמד חברתי גבוה בעיר פולחן האנוכיות. תרח אביו היה כוהן אלילים מוכר ומכובד, ואברהם עזר לו לייצר את פסלי החומר שאותם מכר. אברהם לש וחש את החומר האנושי, למד את רצונותיו, מאוייו ושאיפותיו. הוא הבין שהמחשבה האנוכית מגבילה את האדם, מונעת ממנו להרגיש ולהבין את הכוח האחד שחובק את החיים מתחילתם ועד סופם, אותו גורם עליון שמנהל ומסובב את העולם.

אחרי מחשבה ודרישה עמוקה, התברר לאברהם שאת הרעיון העליון האחד אפשר לקלוט רק דרך הידמות אליו, כיוון שהוא רחום, היה אף אתה רחום. הפוך את ריחוק הלב לקרבה גדולה לזולת, וכך תבין אותו ואת דרכיו.

באחת נחשפה בפני אברהם הסיבה לבלבול ולקלקול, לשכחת האלוהות: התגברות המחשבה האנוכית, האגואיזם, הפירוד בין האנשים, ומכאן גם מהכוח העליון שחוקו אחדות. הוא הבין שבדיוק נגד הקלקול צריך לבוא התיקון, כנגד הפירוד צריכה להיות התקרבות בין בני האדם, כדי להידמות ולהתקרב לכוח העליון.

כתוצאה מהתגלית, שבר אברהם את הפסלים, ניפץ את כל הסטיגמות שעליהן חונך משחר ילדותו, ויצא לרחבי ממלכת בבל לבשר לכולם את תגליתו.

מן המקורות:

כיוון שארכו הימים נשתכח השם הנכבד והנורא מפי כל היקום ומדעתם, ולא הכירוהו ונמצאו כל עם הארץ, הנשים והקטנים, אינם יודעים אלא הצורה של עץ ושל אבן, וההיכל של אבנים שנתחנכו מקטנותם להשתחוות לה ולעובדה ולהישבע בשמה. והחכמים שהיו בהם, כגון כוהניהם וכיוצא בהם, מדמיינים שאין שם אלוה אלא הכוכבים והגלגלים. ועל דרך זה היה העולם הולך ומתגלגל עד שנולד עמודו של עולם והוא אברהם אבינו.

(הרמב"ם, "משנה תורה")

התחיל [אברהם] לשוטט בדעתו, והוא קטן, לחשוב ביום ובלילה; והיה תמה, הֵיאַךְ [איך] אפשר שיהיה הגלגל הזה נוהג תמיד, ולא יהיה לו מנהיג? ומי יסבב אותו, כי אי אפשר שיסבב את עצמו? ולא היה לו מלמד ולא מודיע דבר, אלא מושקע באור כַּשְׂדִּים בין עובדי עבודה זרה הטיפשים. ואביו ואימו וכל העם, עובדי עבודה זרה; והוא היה עובד עימהם. וליבו משוטט ומבין, עד שהשיג דרך האמת, והבין קו הצדק מדעתו הנכונה; וידע שיש שם אלוה אחד, והוא מנהיג הגלגל, והוא ברא הכול, ואין בכל הנמצא אלוה חוץ ממנו. וידע, שכל העם טועים; ודבר שגרם להם לטעות זו, שעובדים את הכוכבים ואת הצורות, עד שאבד האמת מדעתם. ובן ארבעים שנה, הכיר אברהם את בוראו.

(הרמב"ם, "משנה תורה")

> היה תמה אברהם: איך אפשר שיהיה הגלגל הזה נוהג תמיד, ולא יהיה לו מנהיג? ומי יסבב אותו, כי אי אפשר שיסבב את עצמו?

(הרמב"ם)

כיוון ש[אברהם] הכיר וידע, התחיל להשיב תשובות על בני אור כַּשְׂדִּים ולערוך דין עימהם ולומר שאין זו דרך האמת שאתם הולכים בה, ושיבר הצלמים והתחיל להודיע לעם שאין ראוי לעבוד אלא לאלוה העולם, ולו ראוי להשתחוות.

(הרמב"ם, "משנה תורה")

מתחילה היה [אברהם] עובד לשמש, שהיה סובר שהוא העיקר, ואחרי זה הבין שנמצא גבוה וגבוהים עליהם, והעמיק לחפור בזה עד שבא למדרגה עליונה שלו, ולא היה מסתפק עצמו במה שכבר השיג בשכלו.

(רבי יעקב ליינר מאיזביץ, "בית יעקב על התורה")

"אחד היה אברהם", שאברהם עבד ה' רק על ידי שהיה אחד. שחשב בדעתו שהוא רק יחידי בעולם, ולא הסתכל כלל על בני העולם, שסרים מאחרי ה' ומונעים אותו, ולא על אביו ושאר המונעים, רק כאילו הוא אחד בעולם, וזהו, "אחד היה אברהם".

(רבי נחמן מברסלב, "ליקוטי מוהר"ן")

העליון יתברך אחד הוא, כלול מכל המציאות, ומכל הזמנים, עבר, הווה ועתיד. כי אין לך נותן מה שאין בו. ולולא שכל המציאות וקיום המציאות היו כלולים בו, לא היו נמשכים ויוצאים מתוכו. וזה מוכח לכל בעלי העיון. ומבלי להשגיח מה שאנו מוצאים קלקולים בדרכי קיום המציאות. ותדע שזהו המחקר המכונה לחכמי הנסתר, בשם אחד. ואב הראשון לחקירה זו היה אברהם.

(בעל הסולם, מאמר "תכונתה של חכמת הנסתר בכללה")

אברהם ונמרוד
הטבע = א-להים
ההתיישבות בכנען
יסוד עם ישראל
Tehran
IRAN
KYRGYZSTAN
TAJIKISTAN
Persian Gulf
Karachi
OMAN
New Delhi
NEPAL
BHUTAN
BANGLADESH
Kolkata
INDIA
BURMA
Rangoon
Arabian Sea
Bay of Bengal
ANDAMAN ISLANDS (INDIA)
NICOBAR ISLANDS (INDIA)
LAKSHADWEEP (INDIA)
SRI LANKA
MALDIVES

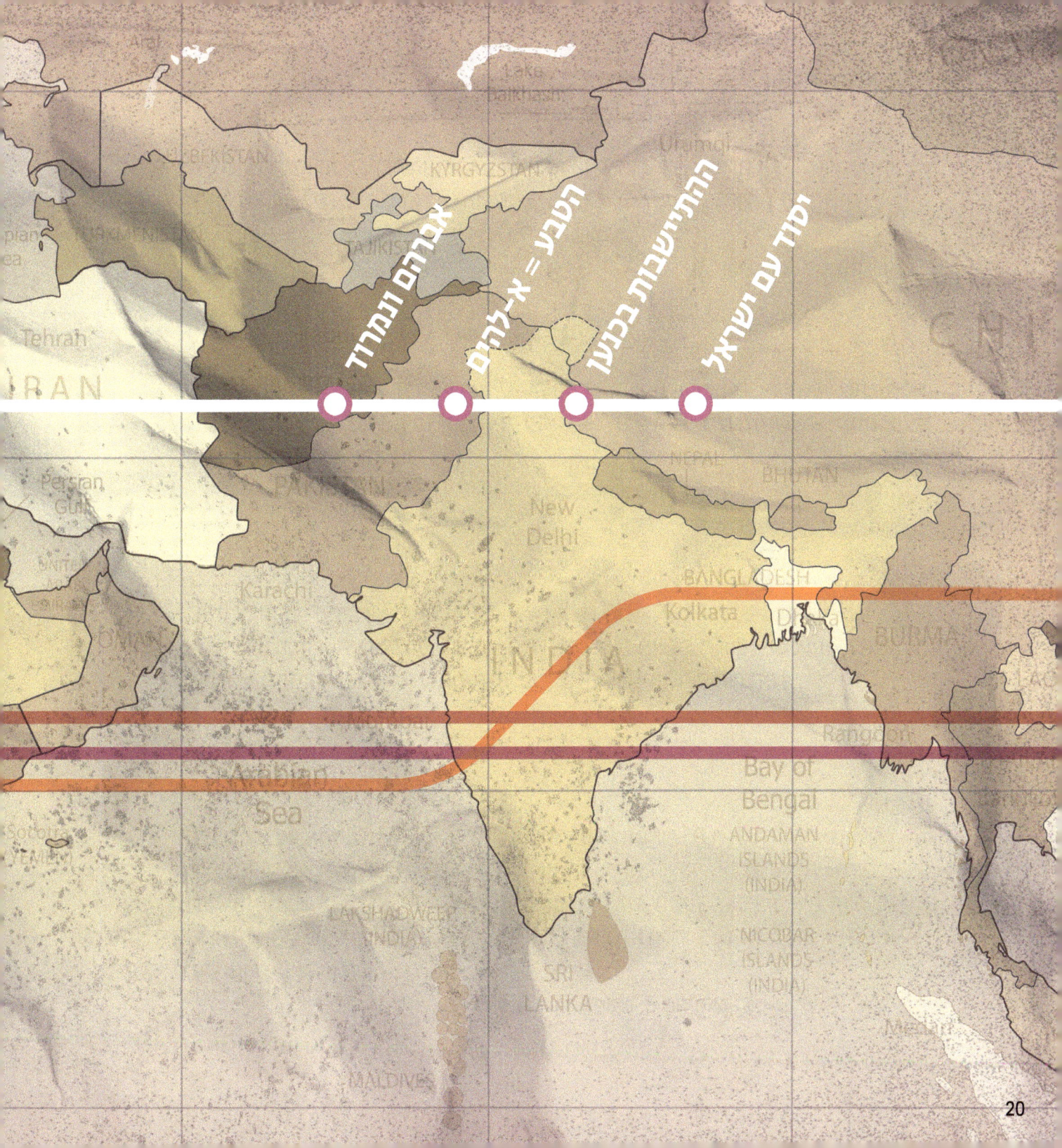

תחנה 02
בית אברהם

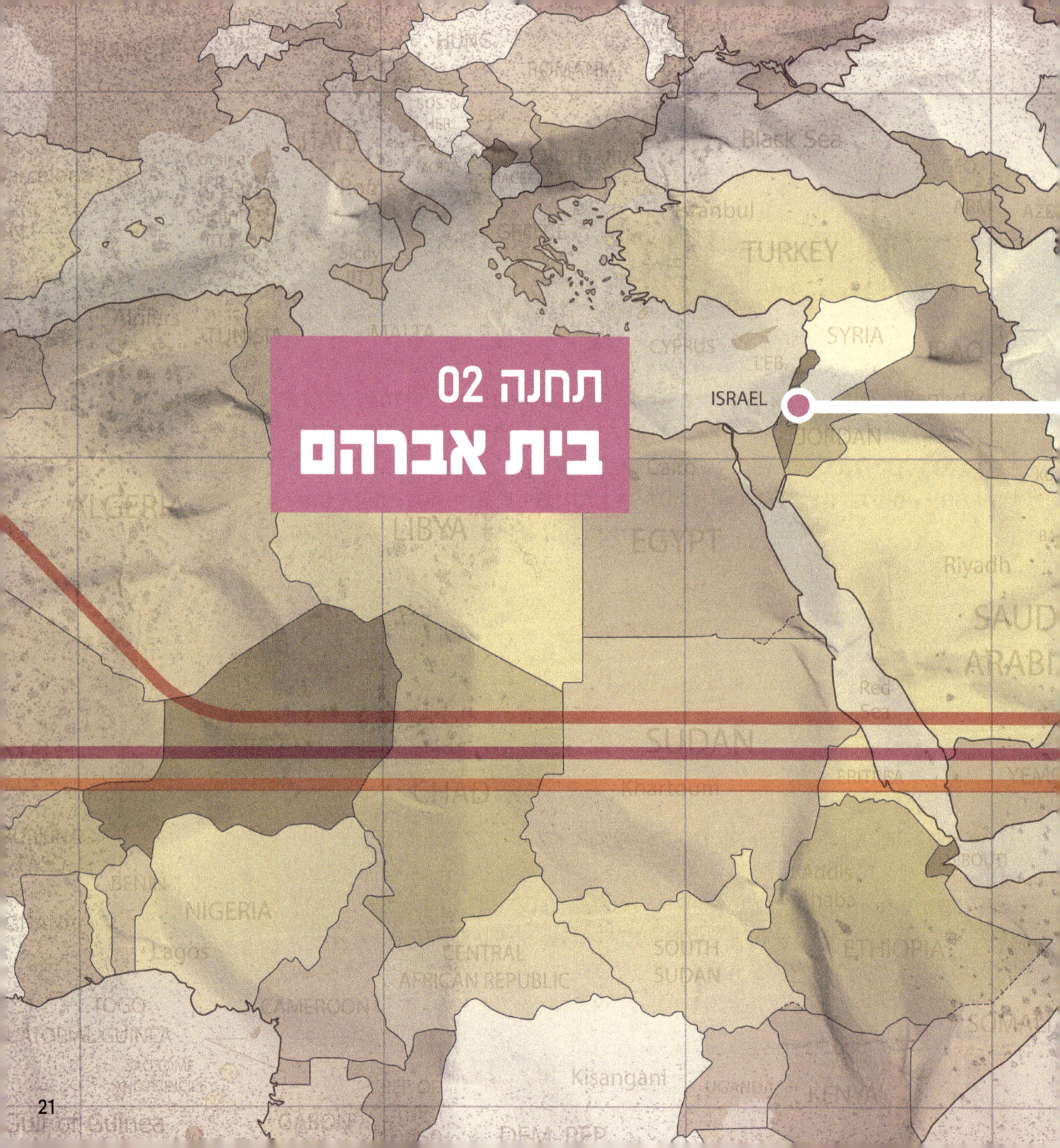

אברהם ונמרוד

כששמע נמרוד מלך בבל שאברהם מסתובב בסמטאות אור כַּשְׂדִּים, מדבר עם התושבים, מסביר ומוכיח להם שיש רק כוח עליון אחד שצריך להידמות לו ושעליהם לחזור להיות מאוחדים, הוא ניסה להורגו בכבשן האש. משנכשל בכך, הוא גירש אותו מהעיר. האנוכיות שמיוצגת על ידי נמרוד לא יכולה לדור בכפיפה אחת עם השאיפה לחסד ולאחדות שאותה מסמל אברהם.

אברהם ונמרוד
הטבע = א-להים
ההתיישבות בכנען
יסוד עם ישראל

מן המקורות:

כיוון ש[אברהם] גבר עליהם בראיותיו, ביקש המלך [נמרוד] להורגו ונעשה לו נס ויצא ל[עיר] חָרָן. והתחיל לעמוד ולקרוא בקול גדול לכל העולם, ולהודיעם שיש שם אלוה אחד לכל העולם, ולו ראוי לעבוד. והיה מהלך וקורא ומקבץ העם מעיר לעיר וממלכה לממלכה, עד שהגיע לארץ כנען, והוא קורא, שנאמר "ויקרא שָׁם בשֵׁם ה', אל עולם". וכיוון שהיו העם מתקבצים אליו ושואלים לו על דבריו, היה מודיע לכל אחד ואחד כפי דעתו עד שיחזירהו לדרך האמת, עד שנתקבצו אליו אלפים ורבבות והם אנשי בית אברהם ושתל בליבם העיקר הגדול הזה.

(הרמב"ם, "משנה תורה")

הטבע = א-להים

אברהם שגורש מן העיר יצא לנדוד בדרכים, ולכל איש שפגש בדרכו הסביר את שגילה. אט אט התקבצו סביבו אלפים רבים של אנשים מתוך השבטים והעמים שחיו בבבל העתיקה, ואברהם לימד אותם את מצוות הטבע, את חוקי האל האחד, היחיד והמיוחד.

מן המקורות:

מוטב לנו לבוא לעמק השווה, ולקבל את דברי המקובלים, אשר "הטבע" עולה בחשבון "א-להים", דהיינו, במספר פ"ו (86). ואז, אוכל לקרוא את "חוקי אלוהים" בשם "מצוות הטבע", או להיפך ("מצוות אלוהים" בשם "חוקי הטבע"), כי היינו הך.

(בעל הסולם, מאמר "השלום")

שם הוי"ה אורו רב מאוד, מגודל אור בהירותו, לכך הוצרך לצמצמו ולהגבילו בתוך שם א-להים, גימטרייה הטבע, שהוא המגן.

(הבעל שם טוב, "על התורה")

הא-להים והטבע, והטבע והא-להים, הכול אחד. דעה זו היא ישרה, חסידה וקדושה, ואשר לא יאמינו בה הם קְרָאִים ואֶפִּיקוֹרְסִים [כופרים].

(הרב צבי הירש אשכנזי, "חכם צבי")

האֱ-להים והטבע,
והטבע והא-להים,
הכול אחד.

(הרב צבי הירש אשכנזי)

ההתיישבות בכנען

אברהם ונמרוד

הטבע = א-להים

ההתיישבות בכנען

יסוד עם ישראל

האנשים שהתאספו והלכו בדרכו של אברהם היו היסוד לעַם ישראל. הם התיישבו לבסוף בארץ כנען, והחלו להעמיק עם אבי האומה בלימוד כוחות הטבע וההידמות אליהם דרך ההתאחדות ביניהם.

מן המקורות:

אברהם, שמצא אותו הקב"ה בארץ שהיו עובדים עבודה זרה, ולא היו יודעים באמונת הקב"ה, אלא כולם היו תועים אחר עבודה זרה. וקם אברהם, וגדל ביניהם, ונעשה ענף אחד שלם לפני ריבון העולם, והוא מצא אותו שם. והקב"ה לקח אותו הענף, ונטע אותו, והשקה אותו, והשתדל עליו, ועקר אותו משם, ושתל אותו בארץ אחרת. כמו שכתוב, לֶךְ לְךָ מארצך וממולדתך ומבית אביך. ועשה ממנו עַם קדוש.

("זוהר לעם", מאמר "אל תירא עבדי יעקב")

ולמה אברהם דומה? לאוהבו של מלך, שראה את המלך מהלך במבואות האפלים, הציץ אוהבו והתחיל מאיר עליו דרך החלון, הציץ המלך וראה אותו, אמר לו עד שאתה מאיר לי דרך חלון בוא והאר לפניי. כך אמר הקדוש ברוך הוא לאברהם, עד שתהא מאיר לי מֵאַסְפּוֹטַמְיָא ומחברותיה, בוא והאר לפניי בארץ ישראל.

(בראשית רבה, ל')

"ואהבת לרעך כמוך", כל הדברים שאתה רוצה שיעשו אותם לך אחרים, עשה אתה אותם לאחיך. החוק שחקק אברהם אבינו ודרך החסד שנהג בה, "מאכיל עוברי דרכים ומשקה אותם ומלווה אותם".

(הרמב"ם, "משנה תורה")

"ואהבת לרעך כמוך", כל הדברים שאתה רוצה שיעשו אותם לך אחרים, עשה אתה אותם לאחיך.

(הרמב"ם)

יסוד עם ישראל

אברהם ונמרוד
הטבע = א-להים
ההתיישבות בכנען
יסוד עם ישראל

היווסדותה של קבוצת "בית אברהם" ניסחה את שליחותו של עם ישראל לדורותיו עד ימינו אלו: להתאחד מעל האנוכיות, ועם האחדות הזו לחזור אל כל באי העולם, לאחד את כולם ולהשיבם להרגשת הכוח האחד.

מן המקורות:

"ויאמר ה' אל אברם", זה אברהם שאיחה את כל באי העולם.

(בראשית רבה, ל"ט)

אברהם אבינו על ידי עבודתו שלמה באהבה רבה פעל והשפיע לנו שורש קדושה, שנהיה אנחנו גם כן יכולים לילך בדרכיו, לעבוד הבורא באהבה. וזהו פירוש "זרע אברהם אוהבי", רוצה לומר שאהבה הזאת הזריע אברהם לכל באי עולם.

(רבי אלימלך מליז'נסק, "נועם אלימלך")

אהבת ישראל, זה מושרש בכל נפש היותר גרוע מישראל, מוֹרָשָׁה מאברהם אבינו, שהוא שורש היהדות, וכמו שאמרו חז"ל ש"ואהבת לרעך כמוך, זה כלל גדול בתורה".

(רבי צדוק הכהן מלובלין, "מחשבות חרוץ")

כוונת הבריאה הייתה שיהיו כולם אגודה אחת לעשות רצונו יתברך, כאומרם ז"ל, שהיה אדם הראשון אומר לכל הנבראים, "בואו נשתחווה ונכרעה, נברכה לפני ה' עושנו", אבל מפני החטא נתקלקל העניין, עד שאפילו הטובים שהיו בדורות ההם, לא היה אפשר להם להתאגד יחד לעבודת ה', אלא היו יחידים בודדים, והתיקון לזה התחיל בדור הפלגה, שנעשה פירוד במין האנושי, וזהו הפירוש "בְּהַנְחֵל עליון גויים, בהפרידו בני אדם", היינו שהתחיל התיקון, שתהיה התאספות ואגודת אנשים לעבודת ה', שהתחילה מאברהם אבינו וזרעו, שתהיה קהילה מקובצת לעבודת ה', והיה אברהם אבינו הולך וקורא בשם ה', עד שהתקבצו אליו קהילה גדולה שנקראו אנשי בית אברהם, והיה הדבר הולך וגדול, עד שנעשה קהל עדת ישראל, וזהו "כי חלק ה' עמו יעקב חבל נחלתו", וגמר התיקון יהיה לעתיד, שיעשו כולם אגודה אחת, לעשות רצונך בלבב שלם.

(רבי שמואל בורנשטיין מסוכטשוב, "שם משמואל")

היו העם מתקבצים אליו [אל אברהם] ושואלים לו על דבריו, היה מודיע לכל אחד ואחד כפי דעתו עד שיחזירהו לדרך האמת, עד שנתקבצו אליו אלפים ורבבות, והם אנשי בית אברהם. ושתל בליבם העיקר הגדול הזה, וחיבר בו ספרים. והודיעו ליצחק בנו, וישב יצחק מלמד ומחזיר; ויצחק הודיעו ליעקב ומינהו ללמד, וישב מלמד ומחזיר כל הנלווים אליו, ויעקב אבינו לימד בניו כולם. והיה הדבר הולך ומתגבר בבני יעקב ובנלווים עליהם, ונעשית בעולם אומה שהיא יודעת את ה'.

(הרמב"ם, "משנה תורה")

> כוונת הבריאה הייתה שיהיו כולם אגודה אחת לעשות רצונו יתברך.

(רבי שמואל בורנשטיין מסוכטשוב)

יוסף ואחיו
פרעה
גלות מצרים
משה רבנו
נס יציאת מצרים
TAJIKISTAN
Persian Gulf
Kolkata
Arabian Sea
Bay of Bengal
BURMA
LAOS
THAILAND

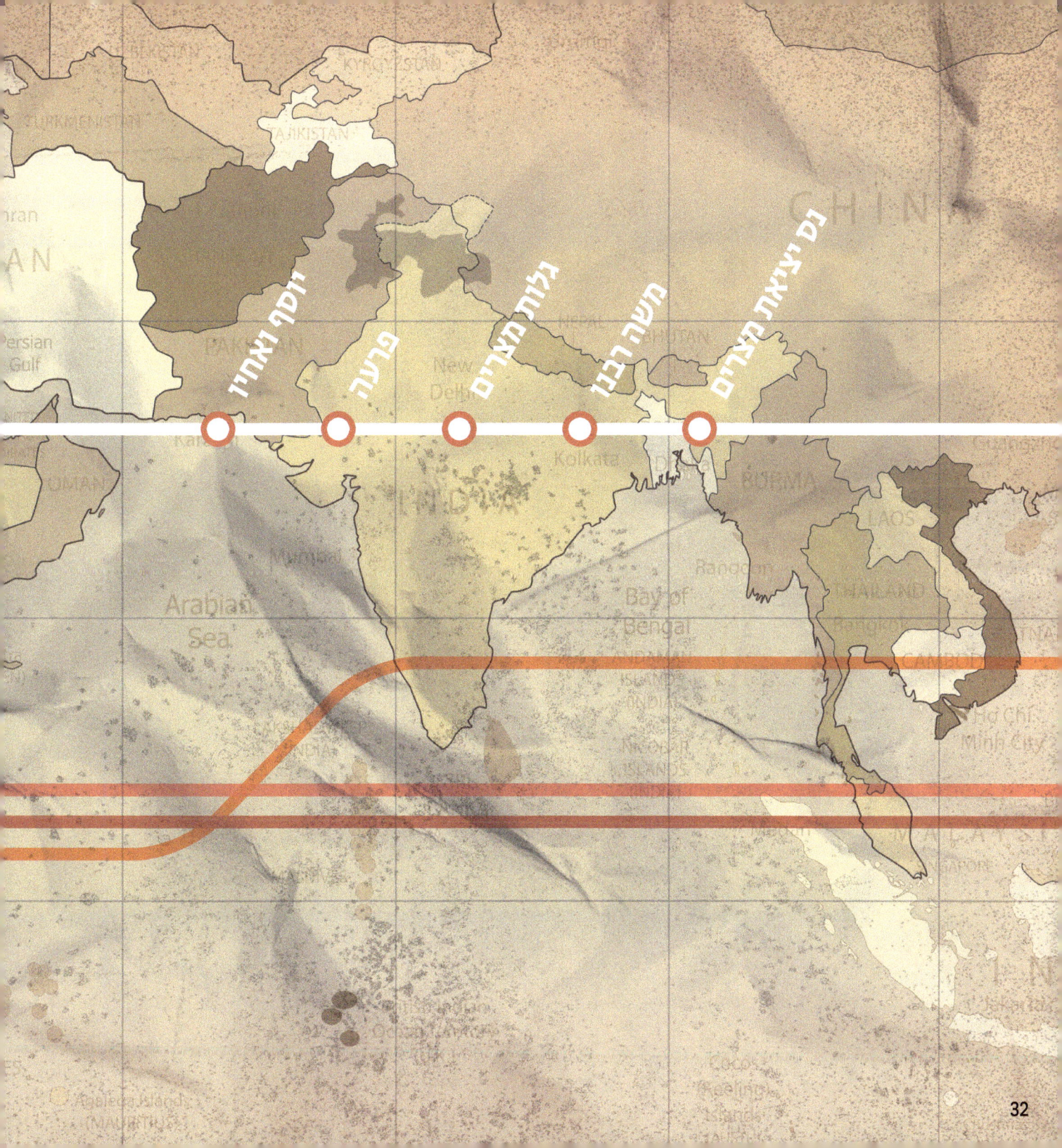

תחנה 03
מצרים

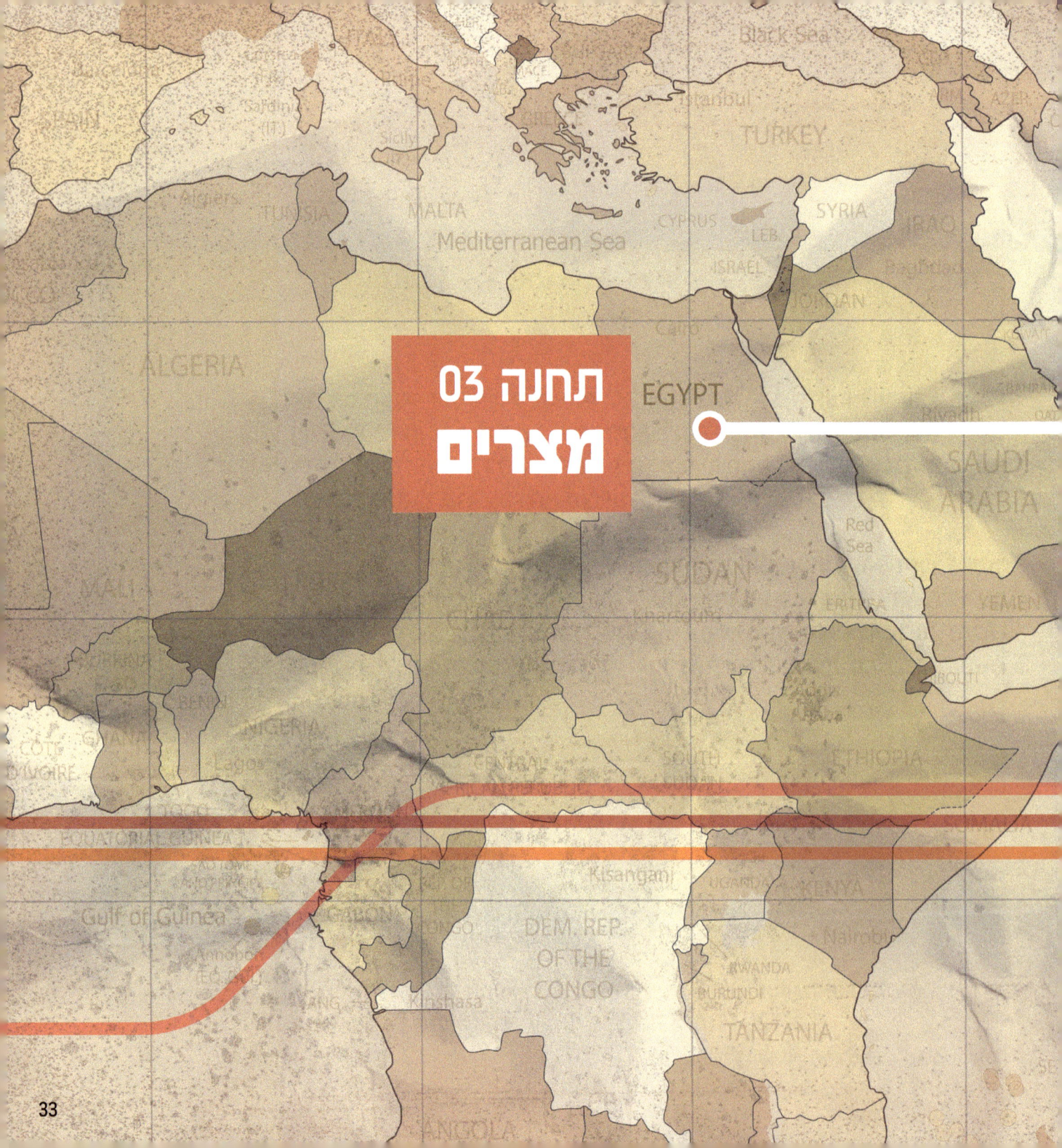

יוסף ואחיו

יוסף ואחיו

פרעה

גלות מצרים

משה רבנו

נס יציאת מצרים

אברהם העביר את שרביט האיחוד ליצחק, ויצחק העביר אותו ליעקב. אבל בין בניו נבע פירוד, והם מכרו את יוסף שהתגלגל למצרים. מכיוון שמשימתו של עם ישראל היא להתאחד, כל תנועה של פילוג וסטייה מתפקידנו מובילה לתחנה קשה בסיפור חיינו. כך קרה עם גלות מצרים.

אומנם מאוחר יותר איחד יוסף את אחיו ואת כל העם איתם, והם חזרו לשמור ולקיים את מצוות אהבת הזולת. אבל לאחר מותו נטו בני ישראל להתערבב עם המצרים, הם הושפעו מהם והחלו לאמץ את מנהגיהם. הם נכנעו לאנוכיות, נמשכו לתחרות, לכסף ולכבוד, והזניחו את עבודת חיבור הלבבות ובתגובה התחילו המצרים לשנוא אותם.

מן המקורות:

כל חטא העגל נמשך מחטא מכירת יוסף ומפירוד לבבות, וזהו שאמרו ז"ל אלוהות הרבה אִוּו להם, מורה שהיה פירוד ביניהם וסילוק האחדות.

(רבי שמואל בורנשטיין מסוכטשוב, "שם משמואל")

בחטא מכירת יוסף נעשה פירוד בין הדבקים ונכנסו דרך הביקוע והתחיל הגלות ועל כן כל עוד שלא נתחברו להיות כאיש אחד לא הגיע העת ליתן התורה.

(רבי שמואל בורנשטיין מסוכטשוב, "שם משמואל")

כשמת יוסף הפרו ברית. אמרו נהיה כמצרים. כיוון שעשו כן, הפך הקב"ה האהבה שהיו המצרים אוהבים אותם, לשנאה.

(שמות רבה, א')

תחילת גלות מצרים והשעבוד מתחיל מהכתוב, "ויקום מלך חדש על מצרים אשר לא ידע את יוסף", פירוש, שנתגלה שליטה חדשה במוחם של כל אחד ואחד, שליטה חדשה מקרוב, כי נפלו ממדרגתם הקדומה. וממילא לא ידעו את יוסף, כלומר, שלא השיגו אותו אלא כפי מה ששיערו בליבם. ולכן ציירו בליבם תמונת יוסף כמוהם עצמם, ומכיוון שכן "לא ידעו את יוסף" והתחיל השעבוד, שאם לא כן, ודאי היה הצדיק מגן עליהם, ולא היה מצויר להם כלל בחינת גלות ושעבוד.

(בעל הסולם, אגרת י')

להיות כאיש אחד בלב אחד אי אפשר אלא כשכולם מתכוונים לתכלית אחד, דהיינו צורך גבוה, וצריך שגם רצונם יסכים לזה, ובהכרח כשנפלו ממדרגתם וחששו לטובת עצמם, שוב התגבר חטא מכירת יוסף ונעשה פירוד לגמרי.

(רבי שמואל בורנשטיין מסוכטשוב, "שם משמואל")

פרעה

יוסף ואחיו

פרעה

גלות מצרים

משה רבנו

נס יציאת מצרים

על כל גל שנאה כלפי היהודים המתבוללים שמזניחים את חיבורם, עומד ומנצח ברשעות צורר תורן. תפקידו ההיסטורי הוא לקרב שוב את ישראל ולהחזירם לתלם אחדותם. על שפת הנילוס היה זה פרעה ש"לא ידע את יוסף". ברובד הפנימי מייצג "פרעה" את היצר הרע, האגו, כוח הפירוד.

מן המקורות:

פרעה מלך מצרים הוא הרצון לקבל שיש בנבראים, שהוא לא מסוגל לעשות שום דבר, אלא לתועלת עצמו. והוא השולט בכל הנבראים, והוא מֵצַר לכל אלה שרוצים לצאת מרשותו, היינו לעבוד לטובת הזולת.

(הרב"ש, מאמר "ג' תפילות - ב'")

"ופרעה הקריב", הקריב את הפורענות לבוא עליו, והקריב את ישראל לתשובה.

(מדרש תנחומא, בשלח ח', ב')

"עם ישראל" פירושו, שכל העם רוצה לעבוד לתועלת ה' ולא לתועלת עצמם. כידוע, שעניין ישראל פירושו ישר-אל, הכול בשביל ה'. ו"שליטת פרעה" הוא להיפך, היינו לעבוד רק לתועלת עצמו. לכן דעת דקדושה, היינו זה שצריכים לעבוד לשם שמיים, היינו להשפיע, בחינה זו הייתה בגלות תחת שליטת פרעה מלך מצרים, ש"מצרים" הם אותיות מצר-ים, כידוע ש"צר" פירושו צר מחסדים.

(הרב"ש, מאמר "מהו, שמטרם שנפל השר המצרי, לא נענו בצעקתם, בעבודה")

פרעה הוא היצר
הרע, הנמצא
בגופו של אדם.

(הרב"ש)

גלות מצרים

יוסף ואחיו

פרעה

גלות מצרים

משה רבנו

נס יציאת מצרים

לכל תחנה בסיפור חיינו, גם אם היא קשה, יש מטרה. מטרתה של גלות מצרים, המסמלת את הירידה לתהומות האגו שלנו, הייתה לפתח בנו חוש שנקרא "הכרת הרע", תחושה ברורה שהאנוכיות או האגו, יצר הרע, פועל לרעתנו, מפלג בינינו ומרחיק אותנו מהכוח העליון, הכוח האחד, ולכן עלינו לברוח מהנטייה האגואיסטית רחוק ככל האפשר. בצורה הפנימית, גלות היא שליטת האהבה העצמית על לב האדם שלא נותנת לו לעבוד לשם שמיים, להתאחד למען האחד.

מן המקורות:

ומה זה גלות? זה שמונח תחת שליטת אהבה עצמית ולא יכול לעבוד לשם שמיים. ומתי נקראת אהבה עצמית גלות? זה רק בזמן שרוצה לצאת משליטה זאת, משום שסובל ייסורים, מזה שאינו יכול לעשות שום דבר לשם שמיים.

(הרב"ש, מאמר "עניין גלות")

מה שהאדם מרגיש, שהוא נמצא בגלות, זה נמדד לא לפי הגלות, אלא לפי הרגשת הרע והייסורים, שסובל מזה שנמצא בגלות. ואז, כשיש לו ייסורים, בזה שהוא נמצא תחת שליטת המעבידים, שהוא מוכרח לעשות כל מה שהם דורשים ממנו, ואין לו שום זכות לבצע את מה שהוא רוצה, אלא הוא מוכרח לשמש ולהוציא לפועל את כל מה שדורשים אומות העולם, הנמצאים בגופו של אדם, ואין לו שום כוח לבגוד בהם, לפי שיעור המכאובים שהוא מרגיש ורוצה לברוח מהם, בשיעור הזה הוא יכול ליהנות מהגאולה.

(הרב"ש, מאמר "מהו הברכה "שעשה לי נס במקום הזה" בעבודה")

אי אפשר לצאת מגלות מצרים מטרם שנכנסים בגלות. שרק אז שייך לומר שיוצאים מהגלות. ולזה מספר לנו בעל ההגדה שאנחנו צריכים לדעת שמתחילה עובדי עבודה זרה היו אבותינו, שהיו בגלות תחת שליטת עובדי עבודה זרה, ורק אז קירב ה' את אבותינו. מה שאם כן אם לא היו מרגישים שהם מונחים תחת שליטת עובדי עבודה זרה לא שייך לומר שה' קירב אותם. שרק בזמן שהאדם מרוחק מה' שייך לומר שה' מקרב אותו.

(הרב"ש, אגרת ס"ו)

עם ישראל יזדקק לשתי גאולות: האחת, להוציא את ישראל מן הגלות; השנייה, להוציא את הגלות מתוך ישראל. והשנייה קשה מן הראשונה.

(רבי יהודה אריה ליב אלתר, "שפת אמת")

כל מה שעבר על ישראל ביציאת מצרים, עובר על כל אדם שרוצה לזכות לחיי עולם. ביציאת מצרים בא צדיק אמיתי, משה רבנו, ורוצה להוציא את האיש הישראלי מגלות נפשו, והסיטרא אחרא מתגבר עליו יותר ויותר ומכביד עליו עול העולם הזה, והתאוות, והפרנסה, עד שקשה עליו לזוז ממקומו לשוב לה' יתברך. וכן ממש עובר על כל אדם בכל זמן, וכל אחד יכול להבין בעצמו את כל זה לפי בחינתו וערכו, איך שעוברים עליו כמה עליות וירידות כמה וכמה פעמים, בחינת גלות מצרים, כי עיקר הגלות הוא גלות הנפש. ומי ששם לב לזה, יכול לראות זאת בכל ההרפתקאות והתלאות וההצלות וההרחבות והישועות הנפלאות העוברים עליו כל ימי חייו, וכן הוא בכל אדם ובכל עת ובכל יום ויום.

(רבי נחמן מברסלב, "ליקוטי הלכות")

משה רבנו

יוסף ואחיו
פרעה
גלות מצרים
משה רבנו
נס יציאת מצרים

אל זירת הגלות שבה עם ישראל הולך ושוכח מי הוא ומה ייעודו, נכנס משה. בדומה לאברהם שהיה חלק מהאליטה הבבלית, משה התינוק נמשה מהנילוס בידי בתיה בת פרעה וגדל על ברכיו של פרעה מלך מצרים. הוא קיבל חינוך של בן מלך, היה מלומד בכל חכמות מצרים וספג את דרך החשיבה האגוצנטרית. כך למד משה להכיר את נטיית היצר האנושי ישירות מפרעה והיה היחיד בדורו שיכול להתמודד איתו, לנתק את עם ישראל ממצרים, ממלכת החומר, ולהחזיר ללבם את הרגשת הכוח האחד. בצורה הפנימית, כנגד פרעה שהוא יצר הרע באדם, משה הוא נקודת אהבת הזולת שיש לפתח.

מן המקורות:

"שָׁקוּל היה משה נגד כל ישראל", ולמדנו מזה "כי רועה העם, הוא ממש כל העם".

(הרב"ש, מאמר "מהו, רועה העם הוא כל העם, בעבודה")

בכל אחד יש נקודה טובה שהיא בחינת צדיק, בחינת משה לגבי חברו, ועל כן, על ידי ההסתכלות מתנוצץ המוח, ועל כן עיקר החיות על ידי השלום והאהבה שבין ישראל שהוא בחינת רואים זה את זה. וזה בחינת מה שאמרו רבותינו זכרונם לברכה "או חברותא או מיתותא". כי עיקר החיות הוא על ידי אהבת החברים. כי כשאין אהבה ויש פירוד אי אפשר לקבל חיות והוא בחינת מיתה. כי הפירוד שבין איש לרעהו זה בחינת מיתה.

(רבי נחמן מברסלב, "ליקוטי הלכות")

כשאין אהבה ויש פירוד
אי אפשר לקבל חיות
והוא בחינת מיתה.
כי הפירוד שבין איש
לרעהו זה בחינת מיתה.

(רבי נחמן מברסלב)

משה בא לעם ישראל, ואמר להם שה' רוצה להוציא אתכם מתחת שליטת פרעה, היינו להוציא כל אחד ואחד מעם ישראל מתחת שליטת פרעה שלו, הנמצא באופן פרטי אצל

(הרב"ש, מאמר "ג' תפילות - ב'")

הגם שכל אדם נולד במדרגה הכי קטנה, יחד עם זה אמר האר"י "כי כל אדם יכול להיות כמשה רבנו עליו השלום, אם ירצה לזכך מעשיו".

(הרב"ש, מאמר "לאיזה דרגה האדם צריך להגיע שלא יצטרך להתגלגל")

הייתה בת פרעה מנשקת ומחבקת ומחבבת אותו [את משה] כאילו הוא בנה, ולא הייתה מוציאתו מִפַּלְטֵרִין [ארמון] של מלך, ולפי שהיה יפה, הכול מתאווים לראותו, מי שהיה רואהו לא היה מעביר עצמו מעליו. והיה פרעה מנשקו ומחבקו, והוא נוטל כתרו של פרעה ומשימו על ראשו, כמו שעתיד לעשות לו כשהיה גדול.

(שמות רבה, א')

משה יבוא בדור האחרון לבאר התורה כאשר נתעסק בלימודה.

(החיד"א, "פני דוד")

משה רבנו עליו השלום, היה זוכה לשיעור התגלות אלוקות, מה שהיה מוכן להתגלות לכלל ישראל. וזה מה שכתוב, "שכינה מדברת מתוך גרונו של משה", היינו שמשה זכה להתגלות הכללית, הנקרא שכינה.

(הרב"ש, מאמר "עניין שכינה")

נס יציאת מצרים

- יוסף ואחיו
- פרעה
- גלות מצרים
- משה רבנו
- נס יציאת מצרים

אדם או עם לא מסוגלים לצאת ממצרים, מהאגו, בכוחות עצמם. על כך נאמר, "אין אסיר מתיר עצמו מבית האסורים", כלומר אדם לא יכול לחלץ את עצמו מהיצר הכולא אותו בתוך מחשבה והרגשה שהוא נפרד מהכלל, ושהכלל קיים אך ורק כדי שיקבל ממנו טובות הנאה. לכן יציאת מצרים נקראת "נס", משום שהיא לא בידי האדם. אבל הנס הזה קורה כאשר מצטברת בלב האדם והעם נחיצות גדולה לצאת מגלותם, מעצמם, ומורגשת צעקה חזקה בלב.

מן המקורות:

נס נקרא מה שאינו בידי אדם שישיג את הדבר. כלומר, שבידי אדם אין הדבר באפשרות להשיג, אלא שצריך להיות נס מן השמיים, שרק באופן כזה נקרא "נס". לכן, כשהאדם בא במצב, שכבר יש לו הכרת הרע, שאין זה באפשרותו לצאת משליטת אומות העולם שיש בו, ובחינת ישראל שבו היא בגלות תחתם, ואינו רואה שום מציאות, שתהיה באפשרותו לצאת משליטתם, לכן כשהקב"ה עוזר להם, ומוציא אותם מרשות אומות העולם, ונהפוך הוא, שעם ישראל שולט עליהם, זה נקרא "נס".

(הרב"ש, מאמר "מהו, שנר חנוכה מניחה בשמאל, בעבודה")

יציאת מצרים הייתה על ידי הקב"ה בעצמו, ולא על ידי שליח. שדרשו "ובכל אלוהי מצרים אעשה שפטים, אני ה'. אני הוא, ולא השליח. אני ה' ולא אחר". היינו, שבזמן שכל העצות ותחבולות האדם כבר עשה, שהם דומים לשליחים, כמו הרופאים, ולא עזרו, אז האדם יכול לתת תפילה מעומק הלב, היות שאין לו לשום מקום לפנות לעזרה, משום שכבר עשה כל העצות שעלה במחשבתו.

(הרב"ש, מאמר "ההבדל בין חסד ואמת, לחסד שאינו אמת")

רק ה' יכול לעזור לצאת משעבוד גלות פרעה מלך מצרים, שמחזיק אותו שלא לצאת מאהבה עצמית, ולעשות כל המעשים רק מה שיביא לו תועלת לאהבה עצמית. ואין לו שום עצה, שיהיה בידו לעשות משהו לתועלת ה'. אז בא עזרת ה'.

(הרב"ש, מאמר "ההבדל בין חסד ואמת, לחסד שאינו אמת")

זה שהאדם יהיה בכוחו לשנות את הטבע, זה רק בידו של הקב"ה. זאת אומרת, הוא עשה את הטבע והוא יכול לשנות. וזה נקרא "יציאת מצרים", שהיה נס.

(הרב"ש, מאמר "מהו הסיוע, שהבא לטהר מקבל, בעבודה")

הר סיני
קבלת התורה
ירושת אבות
מתחלקים לעשיריות
Caspian Sea
TAJIKISTAN
Tehran
IRAN
Persian Gulf
PAKISTAN
New Delhi
Karachi
OMAN
INDIA
Mumbai
Arabian Sea
Socotra (YEMEN)
LAKSHADWEEP (INDIA)

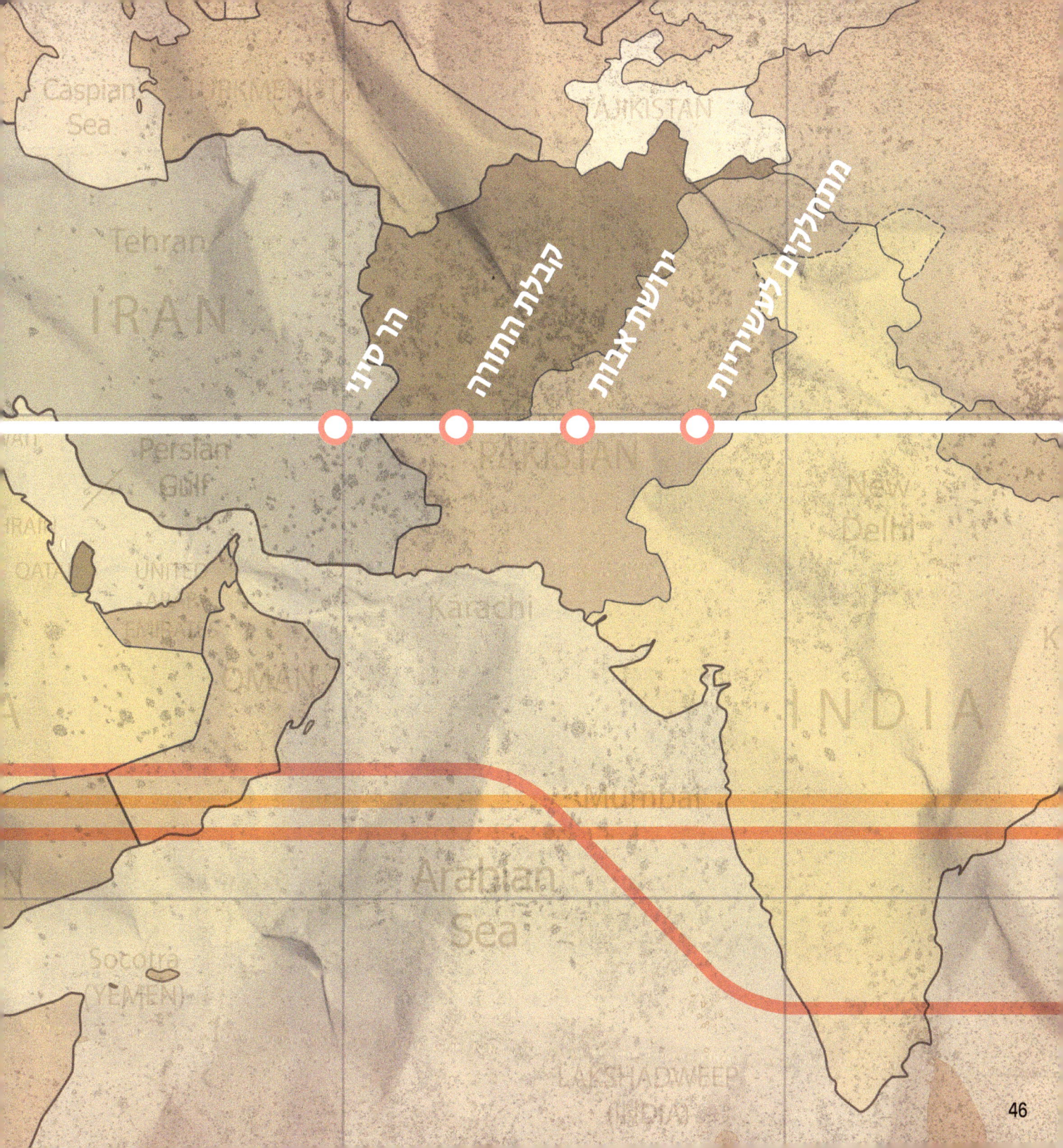

תחנה 04
במדבר

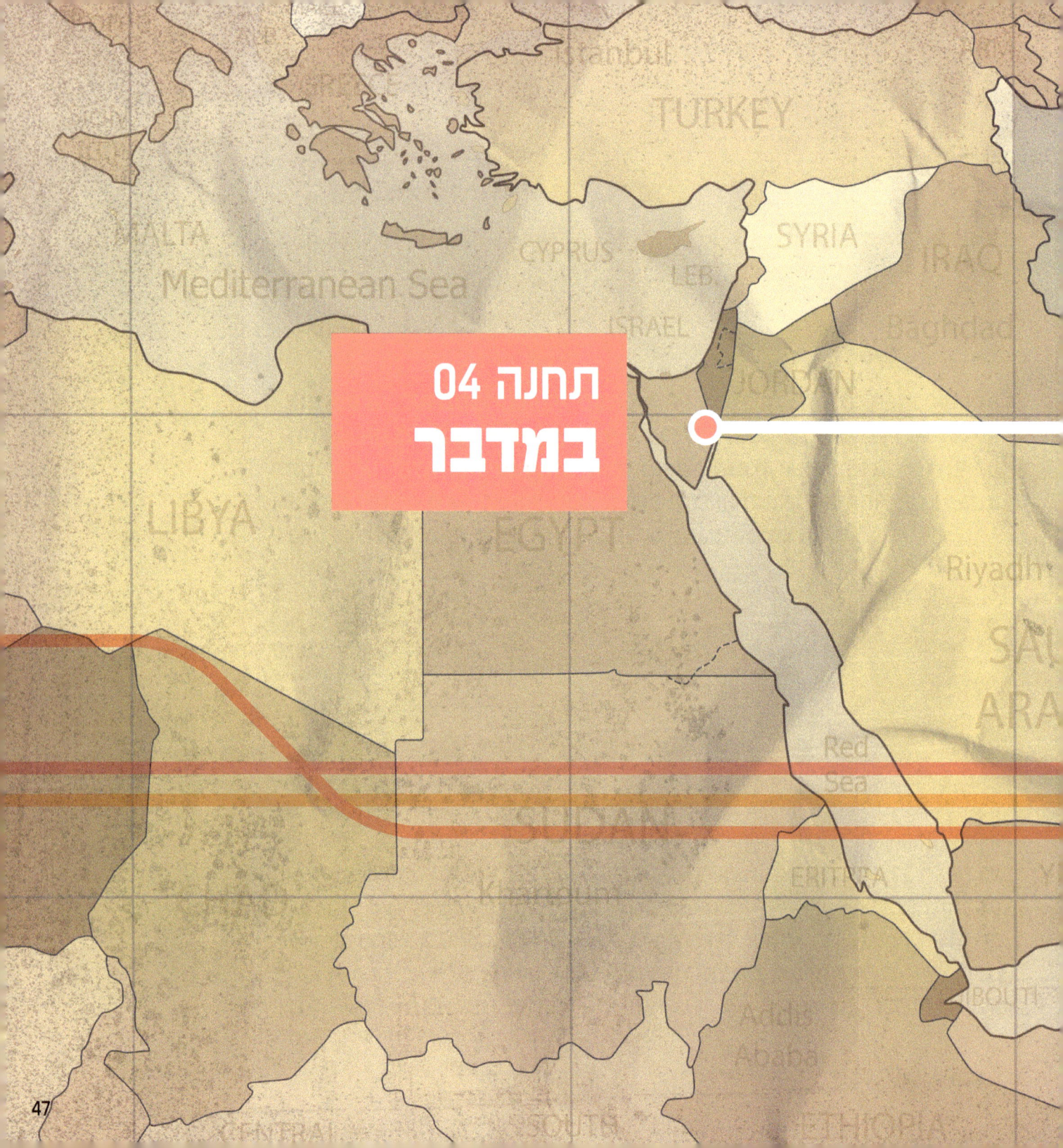

הר סיני

הר סיני

קבלת התורה

ירושת אבות

מתחלקים לעשיריות

אחרי נס היציאה ממצרים הוביל משה את העם במדבר עד הר סיני, הביא אותם להרגיש את כל עומק האנוכיות, לחוש את כלל הרהורי השנאה שגברו ביניהם עם השנים, את עוצמת אדישות הלב וחוסר תחושת הזולת, או אז הם הבינו כמה הם זקוקים לתורה, שאם לא היא, אז הם שוב נקברים חסרי חיים תחת משא יצרם. בתורה נמצאים חוקי אהבת הזולת, ובה טמון הכוח לממש אותם.

מן המקורות:

הר הוא מלשון הרהורים, שהוא, שֵׂכֶל האדם, ומה שהוא בשכל הנקרא בכוח, יכול אחר כך להתפשט בפועל ממש, ולפי זה יכולים לפרש, "וירד ה' על הר סיני אל ראש ההר", שהוא המחשבה והשכל של האדם, כלומר, שה' הודיע לכל העם, שידעו כי יצר לב האדם רע מנעוריו, ולאחר שה' הודיע להם בכוח, היינו בראש ההר, אחר כך מה שהיה בכוח מתפשט אחר כך בפועל. ומשום זה בא העם לידי הרגשה בפועל, וכולם הרגישו עכשיו את הצורך לתורה, כמו שכתוב "בראתי יצר הרע בראתי תורה תבלין", ואמרו עכשיו, על ידי הרגשה בפועל שהם נאלצים לקבל את התורה, היינו אין בחירה, כי ראו אם יקבלו את התורה יהיה להם טוב ועונג, "ואם לאו פה תהא קבורתכם".

(הרב"ש, מאמר "הכנה לקבלת התורה מהו - א'")

רק התורה יכולה להוציא את האדם משליטת יצר הרע.

(הרב"ש)

רק התורה יכולה להוציא את האדם משליטת יצר הרע. וזה שייך לומר רק באלו שרוצים להיות בחינת "ישראל", שהוא יָשָׁר-אֵל. והם רואים, שהיצר הרע לא נותן להם לצאת משליטתם, אז יש להם צורך לקבלת התורה, בכדי שמאור התורה יחזיר אותם למוטב.

(הרב"ש, מאמר "מהו הכנה לקבלת התורה, בעבודה - ב'")

התורה ניתנה דווקא לאלו הנמצאים במצב שמרגישים שהרצון לקבל שולט עליהם. והם צועקים מתוך החושך, שהם צריכים תורה כדי להוציאם מתוך החושך, שהוא שליטת כלי הקבלה שעליהם היה צמצום והסתר, שלא יזרח במקום הזה שום אור, והמקום הזה הוא הגורם והצורך לקבלת התורה.

(הרב"ש, מאמר "מהו שהתורה ניתנה מתוך החושך, בעבודה")

"וייחן שם ישראל נגד ההר", ופירשו חז"ל, "כאיש אחד בלב אחד", מפני שכל יחיד ויחיד מהאומה, סילק את עצמו לגמרי מאהבה עצמית, ונמצא שנתלכדו יחד כל היחידים שבאומה, ונעשו ללב אחד ולאיש אחד, כי רק אז הוכשרו לקבלת התורה.

(הרב"ש, מאמר "כי יעקב בחר לו יה")

קבלת התורה

הר סיני
קבלת התורה
ירושת אבות
מתחלקים לעשיריות

למרגלות הר סיני הוצב התנאי לקבלת התורה, כל חברי האומה הישראלית יסכימו פה אחד להיכנס לקשר של ערבות הדדית ביניהם, אחרת אי אפשר לקיים את התורה ואין תועלת בקבלתה.

מן המקורות:

בשעת מתן תורה, שחנו שם בלב אחד באהבה ואחווה, כמו שפירש רש"י, מפני זה זכו לקבלת התורה ולגילוי שכינתו יתברך עליהם פנים בפנים. וזה אומרו "וייסעו מרפידים", הנה רפידים, אותיות פרודים, ורמז בזה שנסעו מהעצלות והפירוד והתחברו יחד באהבה לעבוד ה', ומפני זה נתן השי"ת התורה.

(רבי קלונימוס קלמן אפשטיין, "מאור ושמש")

ישראל ערבים זה לזה מפני שממש יש בכל אחד חלק אחד מחברו, וכשחוטא האחד פוגם את עצמו ופוגם חלק אשר לחברו בו. נמצא מצד החלק ההוא חברו ערב עליו. אם כן הם שְׁאֵר זה עם זה. ולכך ראוי לאדם להיותו חפץ בטובתו של חברו, ועינו טובה על טובת חברו, וכבודו יהיה חביב עליו כשלו, שהרי הוא הוא ממש. ומטעם זה נצטווינו "ואהבת לרעך כמוך". וראוי שירצה בכשרות חברו ולא ידבר בגנותו כלל, כדרך שאין הקדוש ברוך הוא רוצה בגנותינו, ולא בצערינו. אף הוא לא ירצה בגנות חברו ולא בצערו ולא בקלקולו. וירע לו ממנו כאילו הוא ממש היה שרוי באותו צער חס ושלום או באותה טובה.

(הרמ"ק, "הנהגות צדיקים")

בכוח הערבות, אחד מתקן בעבור האחר, ונמצא הכול מתוקן.

(הרמח"ל)

עיקר קיום התורה שהוא בחינת הרצון הוא על ידי האחדות. ועל כן בשעת קבלת התורה בוודאי נעשו מיד ערבים זה לזה, כי תכף כשרוצים לקבל התורה צריכים תכף להיכלל יחד כולם כאחד, כדי להיכלל ברצון, ואזי בוודאי כל אחד ערב בעד חברו, מאחר שהכול חשובים כאחד.

(רבי נחמן מברסלב, "ליקוטי הלכות")

זהו דבר הערבות, אשר כל ישראל נעשו ערבים זה לזה. כי לא ניתנה להם התורה, בטרם שנשאל כל אחד ואחד מישראל, אם מסכים לקבל עליו את המצווה של אהבת זולתו, בשיעור הכתוב "ואהבת לרעך כמוך" בכל שיעורו. דהיינו, שכל אחד מישראל, יקבל על עצמו לדאוג ולעבוד בעד כל אחד מחברי האומה, למלאות כל צרכיו, לא פחות ממה שהוטבע באדם לדאוג בעד צרכיו עצמו.

ואחר שכל האומה הסכימו פה אחד ואמרו, "נעשה ונשמע", הרי שכל אחד מישראל, נעשה ערב, שלא יחסר דבר מה לשום חבר מחברי האומה, אשר אז נעשו ראויים לקבלת התורה ולא זולת. משום שבערבות הכללית הזאת, נפטר כל יחיד מהאומה מכל דאגותיו לצרכי גופו עצמו, ויכול לקיים מצוות "ואהבת לרעך כמוך" בכל שיעורו, וליתן כל מה שיש לו לכל המצטרך, היות שאינו מפחד עוד, בעד קיום גופו עצמו, כי יודע ובטוח הוא ששש מאות אלף אוהבים נאמנים נמצאים בסביבתו, עומדים הכן לדאוג בשבילו.

(בעל הסולם, מאמר "הערבות")

נתחייבנו אנחנו החתומים מטה, לקשר אהבתנו בתכלית הקשר אמיץ, ומקבלים עלינו מעכשיו, שלאורך ימים ושנים בעולם הבא, יטרח כל אחד ממנו, הן בעודנו בעולם הבא, להציל ולתקן ולהעלות את נפש אחד מחברתנו בכל מה שיכול. ובכלל הדבר, שמעכשיו נתוועדנו ונתחברנו ונקשרנו ונתייחדנו כאיש אחד, חברים בכול מכול כול, לסייע ולעזור ולחזק ולאמץ איש את רעהו לשוב בתשובה ולהוכיח ולהשתתף בצרתו, בין בעולם הזה, בין בעולם הבא.

(תלמידי הרש"ש, "כתב התקשרות")

ירושת אבות

הר סיני
קבלת התורה
ירושת אבות
מתחלקים לעשיריות

בספר הזוהר נאמר, "התורה אור, ומי שעוסק בתורה זוכה לאור העליון". אור התורה הוא כוח המעלה את האדם מבור של פירוד, זלזול וריחוק, למדרגה גבוהה של אהבת הזולת הנקראת "ערבות". זהו הכוח שבונה אותנו כעם ומכשיר אותנו לתפקידנו כלפי העולם.

מאותו יום בסיני ועד היום, בלב כל אדם מישראל שמורה נקודה פנימית ממעמד הר סיני, גם אם היא נסתרת תחת שכבות עבות של אנוכיות, מעין ניצוץ שמחכה להתעורר ולבעור מחדש, לתקן את הרצון מאנוכיות לחיבור ולאהבת הזולת, ולממש את משימת הערבות.

מן המקורות:

מכוח ירושת אבות, ומכוח משה רבנו שהאבות הקדושים השרישו בקרבינו זה הכוח להלך בתוך החושך והמניעות המסתירים את אור אלוהי בתוך הטבע, ולהביא את אור אלוהי בתוך הטבע על ידי עבודתנו בתורה ותפילה ובסור מרע.

(רבי שמואל בורנשטיין מסוכטשוב, "שם משמואל")

היה לכם לדעת שהרבה ניצוצי קדושה ישנם בכל אחד מהחבורה, ובאוספכם כל הניצוצי קדושה למקום אחד, בשבת אחים, באהבה וידידות, ודאי יהיה לכם קומה של קדושה חשובה מאוד לפי שעה מאור החיים.

(בעל הסולם, אגרת י"ג)

לכל איש ישראל יש נקודה פנימית שבלב, שהיא בחינת אמונה פשוטה. והיא מירושת אבותינו, שעמדו על הר סיני. רק שמכסים עליה הרבה קליפות. וצריכים להסיר כל הקליפות. והיסוד שלו, יהיה נקרא, שהוא בבחינת אמונה בלבד.

(בעל הסולם, מאמר "לכל איש ישראל")

כללות ישראל וחיותיהם מתנוצצים זה בזה, ואפשר שזה פירוש "כל ישראל ערבים זה בזה", פירוש שמעורבים אורותיהם וחיותיהם איש באחיו, ומחמת זה מצווים ועומדים אנחנו בני ישראל במצוות "ואהבת לרעך כמוך" ממש.

(רבי מנחם מנדל מוויטבסק, "פרי הארץ")

מיום שישראל היו נמצאים בעולם, לא היו נמצאים לפני הקב"ה בלב אחד וברצון אחד, כמו באותו יום שעמדו בהר סיני.

("זוהר לעם", מאמר "אסור להסתכל במקום שהקב"ה מואס")

מתחלקים לעשיריות

הר סיני
קבלת התורה
ירושת אבות
מתחלקים לעשיריות

אחרי המעמד הגבוה של הר סיני תיפול רוחו של העם, כך הבין משה. לא בשל התנאים הקשים של חיי הנדודים, המחסור במים ובמזון ופגעי האקלים, אלא משום שיצר הרע יתעצם בהם, והעם יתפרד. לכן לפני יציאתם למסע במדבר, חילק משה את העם לקבוצות קטנות של עשרה אנשים.

בתוך הקבוצה הקטנה יוכלו החברים לשמור זה על זה, להדק ולחזק את החיבור ביניהם עד שיהיו מוכשרים לכבוש את היצר, להשליט עליו אחדות איתנה, להיגאל ולעלות לארץ ישראל. שיטת העבודה בעשיריות נשתמרה מאז בין קבוצות מקובלים לאורך כל הדורות.

מן המקורות:

הנה היו בישראל שרי אלפים, שרי מאות, שרי חמישים, שרי עשרות, ואותן שהיו מן שרי עשרות היו תחת יד כל אחד עשרה מישראל, והוא ראש ומשפיע עליהם מחכמתו.

(רבי אברהם חיים מזלוטשוב, "אורח לחיים")

צריכים לזכור שהחברה נתייסדה על בסיס של אהבת הזולת; היינו שכל אחד ואחד יקבל מהחברה אהבת הזולת ושנאת עצמותו. ובזה שרואה שחברו משתדל בביטול עצמותו ובאהבת הזולת, זה גורם שכל אחד יהיה נכלל מכוונת חברו. נמצא, שאם החברה מבוסס למשל על עשרה חברים, אז כל אחד יהיה נכלל מעשרה כוחות, שעוסקים בביטול עצמותו ושנאה לעצמו, ולאהבת הזולת.

(הרב"ש, מאמר "בעניין אהבת חברים")

אין ישראל נגאלים, לא מתוך הצער ולא מתוך השעבוד ולא מתוך הטלטול ולא מתוך הטירוף ולא מתוך הדוחק ולא מתוך שאין להם מזונות. אלא מתוך עשרה בני אדם שהם יושבים זה אצל זה, ויהיה כל אחד מהם קורא ושונה עם חברו, וקולם נשמע.
("תנא דבי אליהו", י"ד)

חכמי המשנה אמרו במשנתם (אבות ג') "עשרה שיושבים ועוסקים בתורה, שכינה שרויה ביניהם" כי "זה כל האדם".
(רבי שניאור זלמן מלאדי, "התניא")

לכל הפחות צריך להיות עשרה אנשים, אז יכולים לומר "קדושה" בתפילה. ועל זה אמרו בזוהר הקדוש "כל בי עשרה, שכינתא שריא". שפירושו הוא, שבמקום שיש עשרה אנשים, כבר יש מקום להשראת השכינה.
(הרב"ש, מאמר "מה נותן לנו הכלל של ואהבת לרעך")

כל העשרה הם כאיברים של גוף אחד, שבהם שורה השכינה. כי האדם, בפעם אחת עשה אותו הקב"ה, והתקין לו כל האיברים ביחד.
("זוהר לעם", מאמר "מדוע באתי ואין איש")

כיבוש הארץ
ירושלים הבנויה
בית המקדש הראשון
Lake Balkhash
UZBEKISTAN
KYRGYZSTAN
Urumqi
TAJIKISTAN
Tehran
IRAN
Persian Gulf
Karachi
OMAN
New Delhi
NEPAL
BHUTAN
BANGLADESH
Kolkata
INDIA
BURMA
Mumbai
Rangoon
Arabian Sea
Bay of Bengal
ANDAMAN ISLANDS (INDIA)
NICOBAR ISLANDS (INDIA)
SRI LANKA

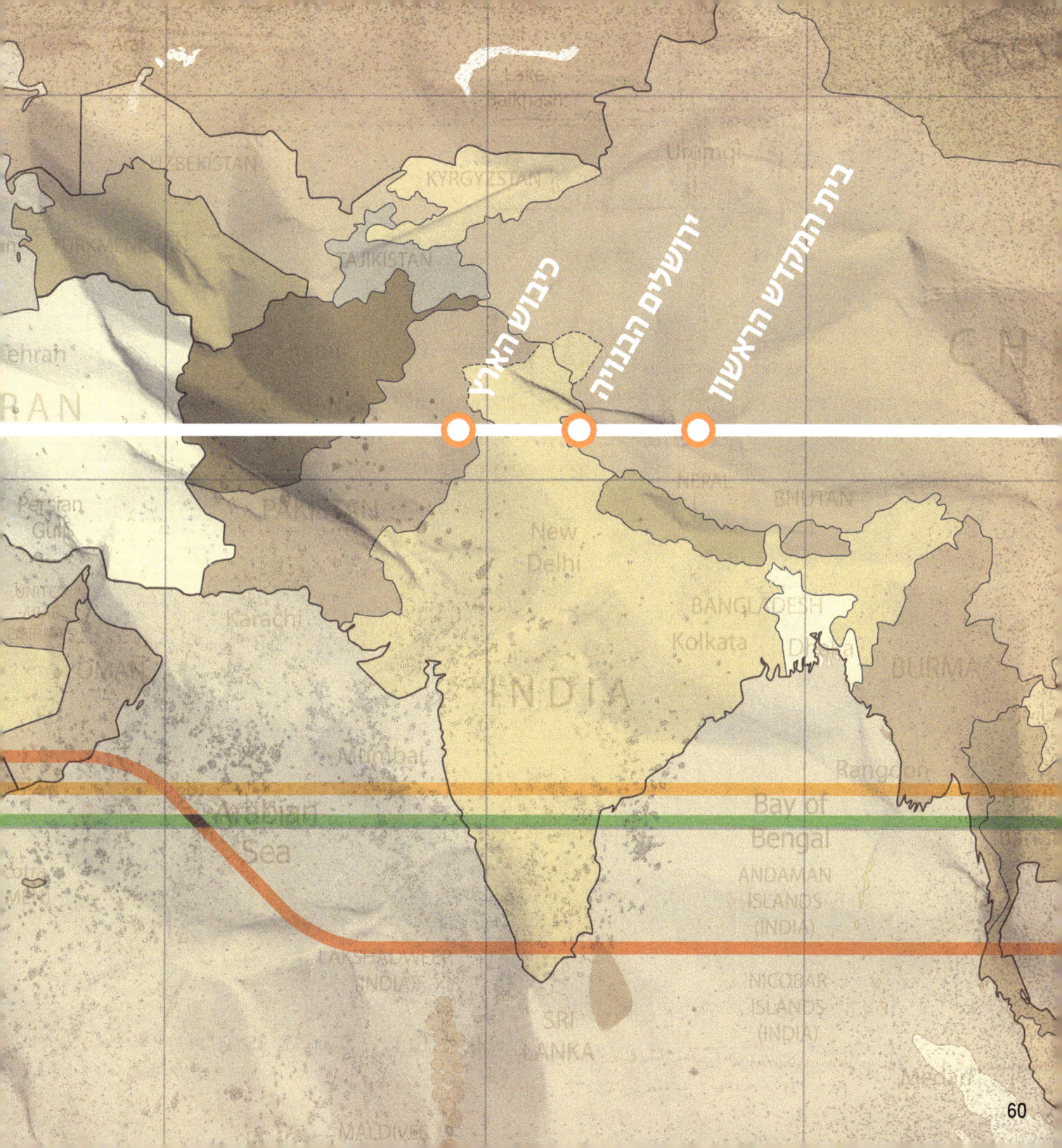

תחנה 05
ארץ ישראל

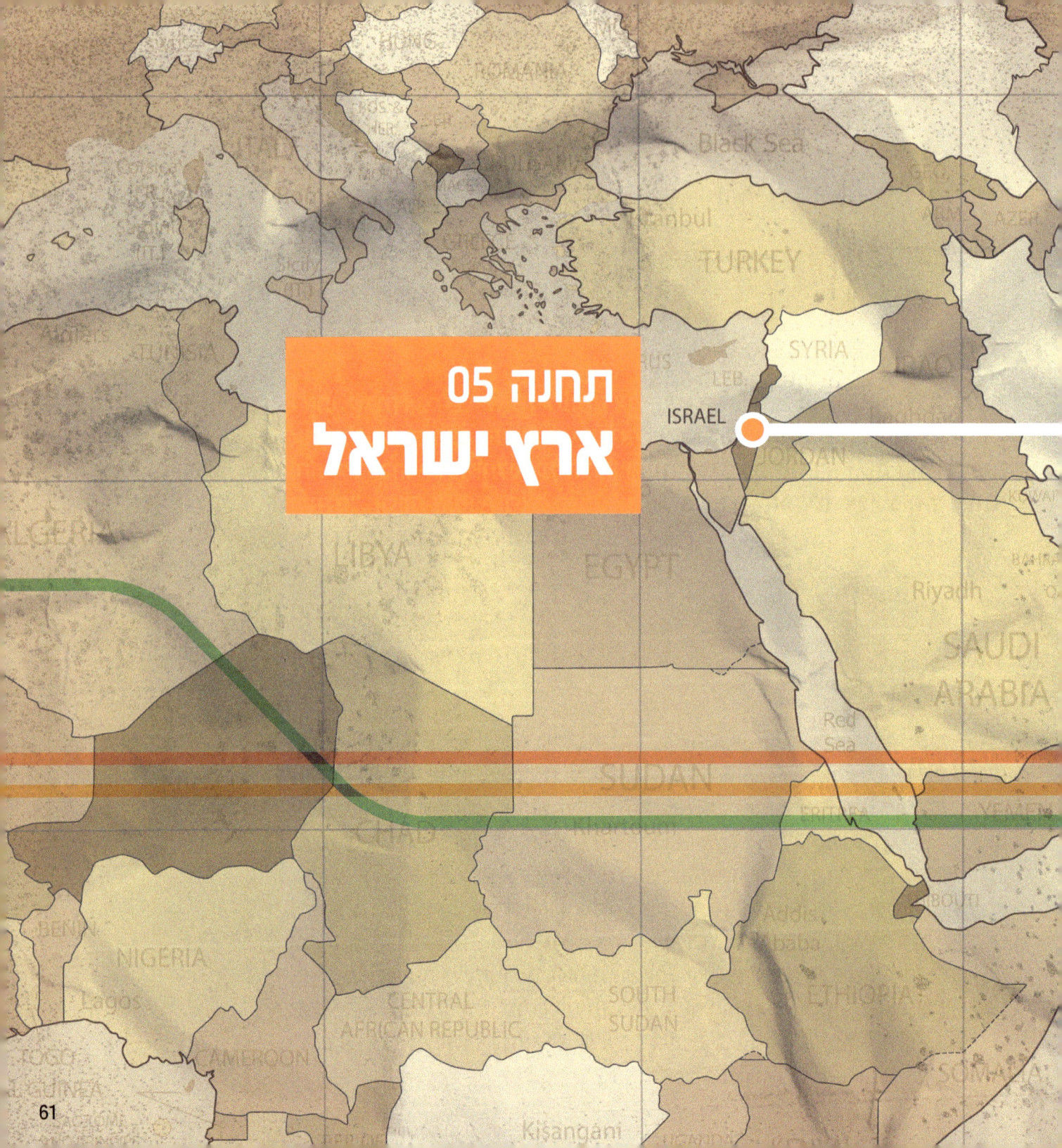

כיבוש הארץ

כיבוש הארץ
ירושלים הבנויה
בית המקדש הראשון

לאחר שלמדו במדבר להכיר לעומק את האגו המפריד ביניהם, ואימנו בעשיריות את הלבבות באהבת הזולת, בני ישראל ויהושע בן נון בראשם, כבשו את הארץ והתיישבו בה. הם השתלטו על הרצון האנוכי שבליבם שנקרא בשם קוד "אומות העולם", וכיוונו אותו ישר-אל הכוח העליון, במטרה להתקשר אליו כאחד ולחבר אליו לבסוף את כל העמים כולם.

מן המקורות:

איזהו גיבור? הכובש את יצרו.

(משלי ט"ז, ל"ב)

שתי שליטות אי אפשר להיות ביחד, או שהרצון להשפיע שולט, או שהרצון לקבל שולט. ושניהם ביחד אי אפשר להתקיים, משום שכל אחד הוא בסתירה להשני, ואין שני הפכים יכולים להיות בנושא אחד. ומכאן נמשכת "מלחמת היצר". היינו שהאדם צריך להילחם עם עצמו, בכדי להכניע את הלב, ששם מקום התלבשות של רצונות האלו, ולגרש את שליטתו של הרצון לקבל, ולתת את כל השליטה להרצון להשפיע לה'. "כי תבוא אל הארץ, אשר ה' אלוהיך נתן לך", זאת אומרת, לא שאתה כבשת אותה בכוחות עצמך, אלא "ה' אלוהיך נתן לך". זאת אומרת, לאחר שהאדם נתן את היגיעה הדרושה בכדי לכבוש את הלב, שעל ידי המלחמות שעשה כל הזמן עם "אומות העולם", וניצח אותם, הוא ירש את הלב, הנקרא עכשיו "ארץ ישראל" ולא "ארץ העמים", מכל מקום הוא צריך להאמין, שלא הוא כבש את "הארץ", אלא "ה' אלוהיך נתן לך", "ולא כוחי ועוצם ידי עשה את החיל הזה".

(הרב"ש, מאמר "והיה כי תבוא אל הארץ אשר ה' אלוקיך נתן לך")

> סגולתה של ארץ ישראל היא לכונן בעולם גילוי אחדות, הנותנת פנים חדשות לכל התרבות האנושית.
>
> (הראי"ה קוק)

אין תואר "גיבור" המהולל בכתבי הקודש על מי שהוא בעל כוח גבורה בטבע נפשו, ומשתמש בגבורתו להתגבר על אויביו, וישחק לכל פחד, וישים נפשו בכפו להילחם ולהינקם מכל המתקומם כנגדו. אלא להיפך כי התואר הנכבד הזה יונח על הכובש את יצרו הרע.

(נפתלי הרץ וייזל, "יין לבנון על אבות")

"ישראל", היינו ישר-אל, היינו כל מה שהוא חושב, הוא שיגיע הכול לאל, ואז אין הוא עולה בשם, משום שהוא לא חושב על עצמו כלום, אלא כל מחשבותיו הם עבור ה'. וזה נקרא "ארץ ישראל". היינו, שיש לו רצון ישר-לאל, היינו, שאין לו רצונות של אהבה עצמית, אלא של אהבת הזולת. ועל עצמו, היינו שהוא יהנה מהחיים, אין תשוקות. וכל התשוקות הוא בזה, שיהיה לו האמצעים להשפיע לה'. אלא כל מה שהוא מזין את הגוף שלו, הוא רק בכדי שיהיו לו כוחות לעסוק בעל מנת להשפיע.

(הרב"ש, מאמר "והיה כי תבוא אל הארץ אשר ה' אלוקיך נתן לך")

סדר הבריאה של עולם הגשמי, צריך גם כן להיות על סדר שהיה ברוחניות, היינו שמתחילה ניתנה הארץ הזאת לאומות העולם, ואחר כך על ידי התגברות ומלחמות, לגרש את האומות העולם מהארץ הזאת, שעם ישראל יכבשו אותה, ויירשו את מקומם של האומות העולם.

(הרב"ש, מאמר "והיה כי תבוא אל הארץ אשר ה' אלוקיך נתן לך")

אם יאמרו עכו"ם [עובדי כוכבים ומזלות] לישראל, ליסטים [שודדים] אתם, שכבשתם ארצות ז' [שבע] אומות, הם אומרים להם, כל הארץ, של הקב"ה הוא, הוא בראה ונתנה לאשר ישר בעיניו, ברצונו נתנה להם, וברצונו נטלה מהם, ונתנה לנו. ויש לשאול, מדוע לא השאיר את ארץ ישראל עבור ישראל ונתנה להם? ועוד יש לשאול, אם באמת עיקר הבריאה הוא בשביל שנקרא ראשית, ולמה הארצות הגדולות נתן לאומות העולם ולישראל נתן ארץ קטנה? ויש לומר שכל המדובר הוא ברוחניות, אלא הענפים הגשמיים נמשכים משורשים העליונים.

(הרב"ש, מאמר "החודש הזה לכם")

ירושלים הבנויה

כיבוש הארץ
ירושלים הבנויה
בית המקדש הראשון

בתוך ארץ ישראל שוכנת בירתה ירושלים. ירושלים היא מלשון יראה-שלמה, פחד ויראה שמא לא נקום כאיש אחד בלב אחד לעשות את רצון העליון. ירושלים גם כוללת בתוכה את המילה שלום. לבנות אותה בחומר מעולם לא הייתה הבעיה היהודית, גם אם נדרשה לכך עבודת כפיים ויגיעה. המשימה הגדולה הייתה ועודנה לבנות אותה לפי שורשה הרוחני, על בסיס של יראה, יראה שתספק לנו כוח לקירוב לבבות, להתקשרות בשלום.

לפי תפקידה, ירושלים עתידה להיות בירה לכל העולם, להמחיש עבור כולם את האחדות הנובעת מכבוד ומאהבה לכוח העליון. היא לא צריכה להיות עיר דתית, אלא בירה יהודית, עם נטייה ברורה ומיוחדת לאהבת אחים. עיר שכל העולם יבקש לקשור את גורלו בגורלה.

מן המקורות:

עתידה ירושלים לעשות פנס לאומות העולם והם מהלכים לאורה, שנאמר "והלכו גויים לאורך".

("ילקוט שמעוני", תצ"ט)

כאשר נזכה כולנו להתעורר באהבה וחוטי חסד לעבותות היראה כראוי בשלמות, אז נזכה לבניין עיר קודשנו ותפארתנו.

(רבי ישראל הופשטיין מקוז'ניץ, "עבודת ישראל")

ירושלים הבנויה כעיר שחוברה לה יחדיו, ששם עלו שבטי-יה עדות לישראל.

(תהלים קכ"ב, ג')

"ירושלים הבנויה כעיר שחוברה לה יחדיו", עיר שהיא עושה כל ישראל לחברים.

(תלמוד ירושלמי, חגיגה ג', ו')

ירושלים נקרא לב העולם, ובנפש נקראת "ירושלים" לב האדם, היינו הרצון של האדם, נקראת ירושלים, ושם יש מחלוקת. היינו, הרצונות של אומות העולם שהאדם כלול מהם, ויש שם רצונות של ישראלים, וכל אחד רוצה לשלוט על חברו. נמצא שבתוך הלב, הנקרא ירושלים, רצונות מתקוטטים ומתנגדים זה לזה, ואז אין שליטה לאף אחד. וממילא אין אף אחד שיכול לקנות את שלמותו. אבל "למען אחיי ורעיי", היינו משום שתכלית הבריאה הייתה להיטיב לנבראיו, ובמקום שנאה אין ראוי שיתגלה אור ה', הנקרא אור האהבה, "אדברה נא שלום בך". ש"בך" היינו בתוך הלב, יהיה שלום.

(הרב"ש, אגרת י"ח)

ירושלים הבנויה כעיר שחוברה לה יחדיו, שגמר התיקון נקרא ירושלים הבנויה, דהיינו שאין הנגאלים בונים אותה אלא מתפלאים בהשגתם שכבר היא בנויה ומעולם לא היה בה שום פגם, כי כל שינוי מקום ושינוי מעשה ושינוי השם, שזהו בעצמו רגעי הזמן שבגלות, כל אלו ההפכים נתחברו יחדיו, והוא פשטות גמור כמו הכלל שמתגלה בהתקבץ עליו כל חלקיו ופרטיו.

(בעל הסולם, מאמר "אור הבהיר")

משיח יושב בשער ירושלים ומחכה שיהיו בני האדם ראויים לגאולה. הוא אסור באזיקים ואנשים שלמים הוא צריך, שיתירוהו מכבליו. די לו מחסידים, די לו ברוחב, עכשיו הוא דורש בעומק באנשי אמת.

(רבי מנחם מנדל מקוצק, "אין שלם מלב שבור")

> לפי התחברות ישראל והתעוררותם באהבה ויראה נבנה ירושלים.

(רבי ישראל הופשטיין מקוז'ניץ)

בית המקדש הראשון

כיבוש הארץ

בני ישראל השיגו בארצם ובירושלים בירתה איחוד לבבות גדול, ואיתו יכלו לבנות את בית המקדש, מקום משכן גבוה לכוח העליון. החיבור הפנימי הוליד חיצוניות תואמת. הם הקימו את הבית בהנהגת שלמה המלך, שאותו משבח ספר הזוהר במילים "המלך שהשלום שלו".

ירושלים הבנויה

הקמת בית המקדש נועדה לגלות את כוח האחדות בלב כל בני האדם ובין כל אומות העולם, עד שכל גילוי של יצר רע, רוגז, סכסוך, אכזריות ומלחמה, ייכנעו ויתבטלו בפני כוח זה, ושלום חם יתפוס את מקומם. למשך תקופה קצרה, זו הייתה הרוח שנחה והשתררה בכול.

בית המקדש הראשון

מן המקורות:

בניין הבית היה שיהיה שכינתו בתחתונים, ויתגלה מלכותו יתברך בעולם, וידע כל פָּעוּל כי השם פְּעָלוֹ, ולכן בימי שלמה שנבנה בית המקדש וארמון על משפטו היה המלכות שמיים בהתגלות על העולם, והיה מוח החכמה מתנוצץ דרך המלכות. ולכן היו כל האומות נכנעים תחת יד ישראל, והיו מודים במלכותו יתברך, ואז היו מתגלים החסדים על הכנסת ישראל ויורד להם כל ההשפעות, והאומות היו מקבְלים רק התמצית.

(רבי קלונימוס קלמן אפשטיין, "מאור ושמש")

באמת כוח האחדות גדול מאוד לעורר כוח השורש מן השמיים. אך שצריך להיות לשם שמיים. וזה נמצא רק בבני ישראל שהרי דור הפלגה התאספו כולם ולא עלתה בידם. רק לבני ישראל ניתן כוח האחדות, ובבני ישראל נתקיים אחר כך בבניין המקדש. כי בית המקדש לא היה בניין עצים ואבנים בלבד. רק שעל ידי התחברות בני ישראל, שכל איש ישראל יש בו איזה חלק, וכתוב "ירושלים הבנויה כעיר שחוברה לה יחדיו" ונעשה בניין למטה על ידי נפשות בני ישראל. ועל ידי בניין המקדש נתעלו להיות דבקות לנפשות בני ישראל בעולם העליון. והרי זה ממש כמאמר "נבנה עיר וראשו בשמיים" רק על ידי שהיה לשם שמיים נתקיים בידם.

(רבי יהודה אריה ליב אלתר, "שפת אמת")

ליבו של אדם צריך להיות בית מקדש לה', כמו שכתוב "ועשו לי מקדש, ושכנתי בתוכם". שהאדם צריך לזכות להשראת השכינה, כמו שאמרו חז"ל "רַחֲמָנָא לִבָּא בָּעֵי", שפירושו, שרק ליבו של אדם צריך הבורא, בכדי לתת לו את מה שרוצה לתת לו.

(הרב"ש, מאמר "מהו "מסרת גיבורים ביד חלשים" בעבודה")

כתוב "ועשו לי מקדש ושכנתי בתוכם", הכוונה על הנקודה שבלב, שצריך להיות מקום מקדש, שאור ה' ישכון בתוכה, כמו שכתוב "ושכנתי בתוכם". לכן על האדם להשתדל לבנות בניין הקדושה שלו.

(הרב"ש, מאמר "נקודה שבלב")

התפוררות חברתית
גלות בבל
KAZAKHSTAN
MONGOLIA
Lake Balkhash
KYRGYZSTAN
TAJIKISTAN
CHINA
PAKISTAN
New Delhi
NEPAL
BHUTAN
BANGLADESH
Kolkata
Karachi
INDIA
Mumbai
Arabian Sea
Bay of Bengal
LAOS
THAILAND
SRI LANKA
LAKSHADWEEP (INDIA)

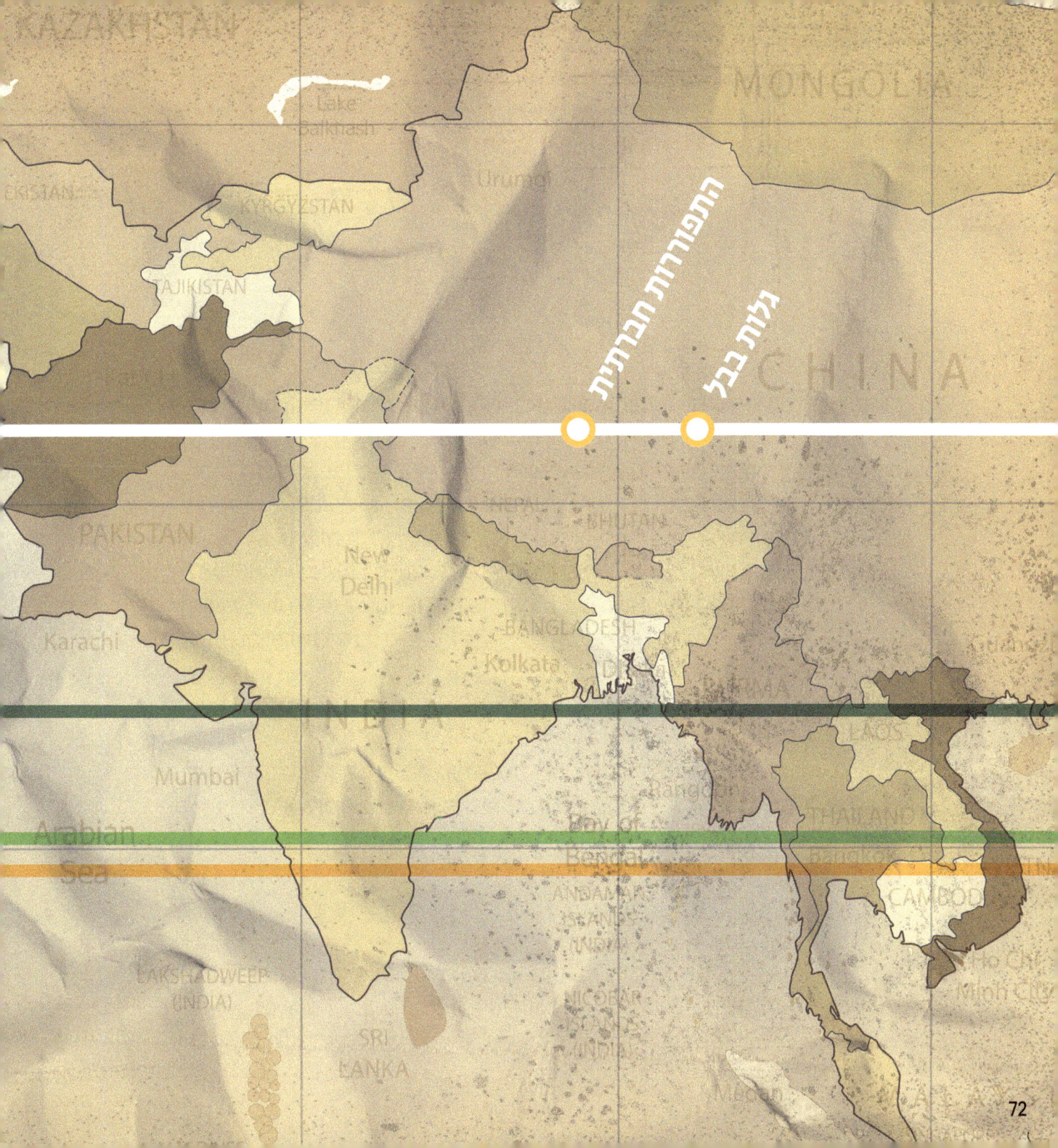

תחנה 06
חורבן הבית הראשון

התפוררות חברתית

התפוררות חברתית

גלות בבל

לא עבר זמן רב ושוב התפרצו היצרים גם בקרבת קודש הקודשים. האגו ניצח, ואהבת האחים נכנעה ללעג, לארס ולאדישות. הקשר הטוב בין האנשים התפורר: עבודה זרה, גילוי עריות ושפיכות דמים הובילו לחורבן של בית המקדש.

האומה המפוררת התפלגה לשתיים: ממלכת ישראל וממלכת יהודה. העם והמנהיגים בישראל נטשו את נדר האחדות, התבוללו במדינות השכנות ודיברו אל אחיהם בלשון קשה, מלאת שנאה, כמו שאמר רבי אלעזר, "אלו בני אדם שאוכלים ושותים זה עם זה ודוקרים זה את זה בחרבות שבלשונם" (בבלי, יומא ט'). כתוצאה מכך התפזרו עשרת שבטי ישראל, וממלכתם נחרבה. ממלכת יהודה הלכה בעקבותיה והידרדרה, וכמה מאות שנים אחר כך נגזר גורלה ואף היא גלתה מאדמת ישראל. כך החלה גלות בבל.

מן המקורות:

פרצה המכה באמצעותנו, על ידי פירוד הלבבות שנעשה בחיק ישראל, שנהייתה בתוכנו מפלגות שונות ולחמו זה בזה, מה שזה בונה זה סותר.

(הרב יששכר שלמה טייכטל, "אם הבנים שמחה")

בטבע ההדרכה הנאמנה שהשגנו על ידי התורה הקדושה, הגיעה אלינו התפתחות מהירה, לאין ערוך יותר על גויי הארצות. וכיוון שחברי האומה [הישראלית] התפתחו, היה החיוב ללכת תמיד קדימה, ולדקדק ביותר בכל מצוות התורה. וכיוון שלא עשו זאת אלא רצו לערב שם גם את האנוכיות הצר, דהיינו, השלא לשמה, מכאן התפתח חורבן בית ראשון, שרצו לעשות הסגולות, של עשירות והרמת הכוח על הצדק, כשאר הגויים. וכיוון שהתורה אסרה כל זה, על כן הכחישו את התורה והנבואה וקיבלו נימוסי השכנים, כדי שיוכלו ליהנות מהחיים, ככל שדרש מהם האנוכיות. וכיוון שעשו כך התפוררו כוחות האומה, מקצתם הלכו אחרי המלכים והקצינים האנוכיים, ומקצתם הלכו אחרי הנביאים. והפירוד הזה נמשך עד החורבן.

(בעל הסולם, מאמר "הגלות והגאולה")

אין ישראל נגאלים עד שיהיו כולם אגודה אחת, שנאמר, "בימים ההמה ובעת ההיא נאום ה', יבואו בני ישראל המה ובני יהודה יחדיו" וכולי. כשהם אגודים מקבלים פני שכינה.

(הרב"ש, אגרת ל"ד)

רק על פי חכמת הקבלה תיוושע יהודה וישראל תשועות עולמים, כי רק הוא חכמה אלוהית המסורה לחכמי ישראל מימי קדם ושנים קדמוניות, ועל ידה יגלה כבוד אלוהים וכבוד תורתו הקדושה.

(רבי שבתאי ליפשיץ, "סגולת ישראל")

גלות בבל

התפוררות חברתית

גלות בבל

בגלות בבל חיפשו היהודים נתיבי פרנסה ומסחר חדשים, וראשם היה שקוע כולו בעסקים. עבודת חיבור הלבבות לא עלתה בדעתם, אבל הופעתו של צורר חדש גרמה להם להתאחד שוב בעל כורחם, ולחזור לעסוק במלאכה שלשמה באו לעולם, מלאכת האיחוד.

הצורר הנוכחי היה המן הרשע. הוא ניגש אל המלך אחשוורוש ואמר לו שיש עם אחד מפוזר ומפורד בין מדינות מלכותו, שאנשיו מנותקים איש מרעהו ופרודים מהכוח העליון. המן המליץ למלך להשמיד את העם הזה.

נגד גזרת המן קמו אסתר המלכה ובן דודה מרדכי היהודי. אסתר ביקשה ממרדכי לכנס את העם המפוזר בשושן הבירה ולהאיץ בו להתאחד. בכך ניצלו היהודים ברגע האחרון מגזרת השמדה.

מן המקורות:

כמו שאמר המן "ישנו עם אחד מפוזר ומפורד בין העמים", על כן להתגבר כנגדו צריכים כוח המאחד.

(רבי שמואל בורנשטיין מסוכטשוב, "שם משמואל")

"איש יהודי היה בשושן הבירה", למה נקרא שמו יהודי, והלוא ימיני הוא? לפי שייחד שמו של הקב"ה כנגד כל באי עולם, ולפי שייחד שמו של הקב"ה נקרא יהודי לומר יהודי-יחידי.

(מדרש רבה אסתר, ו')

Photo by Jehyun Sung on Unsplash

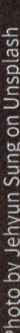

> כל הכוח שלהם הוא באחדות, ועתה הם עם מפורד.
>
> (רבי יהודה אריה ליב אלתר)

"ישנו עם אחד מפוזר ומפורד בין העמים", המן אמר, שדעתו הוא, שנוכל להצליח לאבד היהודים, מטעם שהם בפירוד בין אדם לחברו. על כן הכוח שלנו נגדם בטח נצליח, כי זה גורם פירוד בין אדם למקום, וממילא ה' לא יעזור להם, כיוון שהם נפרדים ממנו. הלך מרדכי לתקן את הפגם הזה, כמו שמבואר בכתוב "נקהלו היהודים וכולי, להיקהל ולעמוד על נפשם". היינו על ידי ההתאחדות הצילו את נפשם.

(בעל הסולם, מאמר "ישנו עם אחד")

כשבני ישראל נעשים אגודה אחת, אין לעמלק שליטה בהם. רק ברפידים [מלשון פירוד]. ולכן הלשין המן, "ישנו עם אחד מפוזר ומפורד". שכל כוח שלהם הוא באחדות, ועתה הם "עם מפורד". והאמת כן היה, על ידי החטאים נתעורר כוח עמלק ואינו מניח להם להתאחד. ולכן נאמר "לך כנוס את כל היהודים", "להיקהל ולעמוד על נפשם", הכול על ידי הכינוס והקהילה. ומרדכי הצדיק איחה אותם ונתאחדו על ידו, כי היה לו כוח האחדות.

(רבי יהודה אריה ליב אלתר, "שפת אמת")

זה הייתה כוונת אסתר במה שהזהירה את מרדכי "לך וכנוס את כל היהודים", שיהיו בכניסה אחת, באהבה ובחיבה, ונוחים זה לזה, ואז יצללו ויעלו למעלה והמן הרשע יהיה מט לפני הצדיק ועשו כן ותכף הרגישו הפעולה מזה, כי התחיל המן ליפול למטה.

(הרב יששכר שלמה טייכטל, "אם הבנים שמחה")

בזמן שאין האדם יכול לראות את פרצופו האמיתי של הרע שלו, היינו צורתו של המן, אז אין האדם יכול להתפלל לה' שיעזור לו להינצל מהרע. ורק בזמן שהאדם רואה את גדלותו של המן, שהוא רוצה להרוג ולאבד את כל היהודים, היינו שהמן רוצה להשמיד את כל דבר שיש לו שייכות ליהדות, שלא נותן לו לעשות שום דבר שבקדושה, אז הוא יכול לתת תפילה אמיתית. ואז יקויים "הקב"ה עוזרו", לכן אז שייך דברי הצומות וזעקתם, שמתפללים לה', שיינצל מהמן הרע הזה.

(הרב"ש, מאמר "ובתורתו יהגה")

בית המקדש השני
היוונים והמתייוונים
חורבן הבית
רבי עקיבא
כתיבת ספר הזוהר
Lake Balkhash
KYRGYZSTAN
TAJIKISTAN
Urumqi
Tehran
Persian Gulf
New Delhi
NEPAL
BHUTAN
BANGLADESH
Kolkata
Karachi
OMAN
INDIA
Mumbai
Rangoon
Bay of Bengal
Arabian Sea
ANDAMAN ISLANDS (INDIA)
NICOBAR ISLANDS (INDIA)
LAKSHADWEEP (INDIA)
SRI LANKA

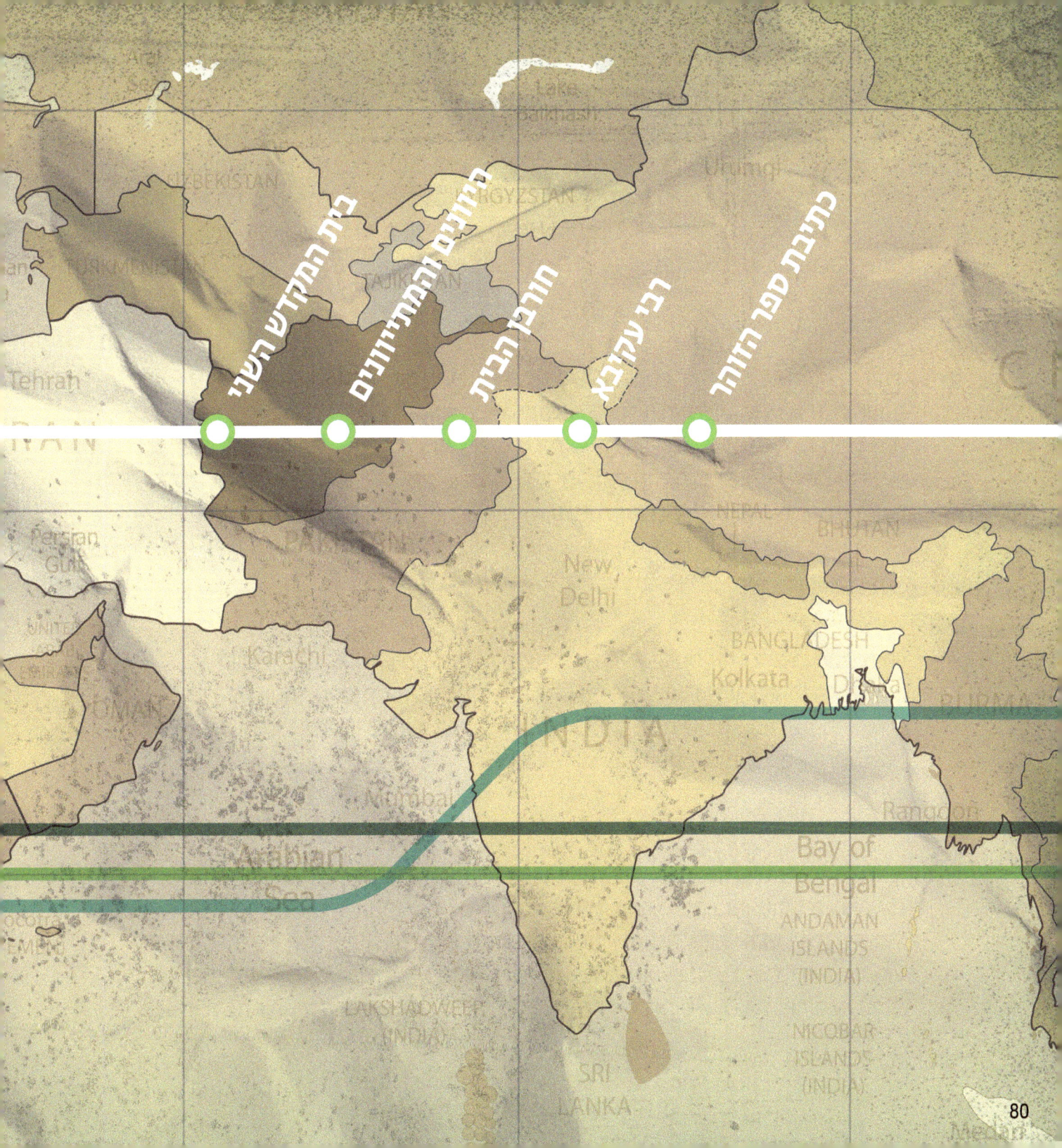

תחנה 07
שיבת ציון

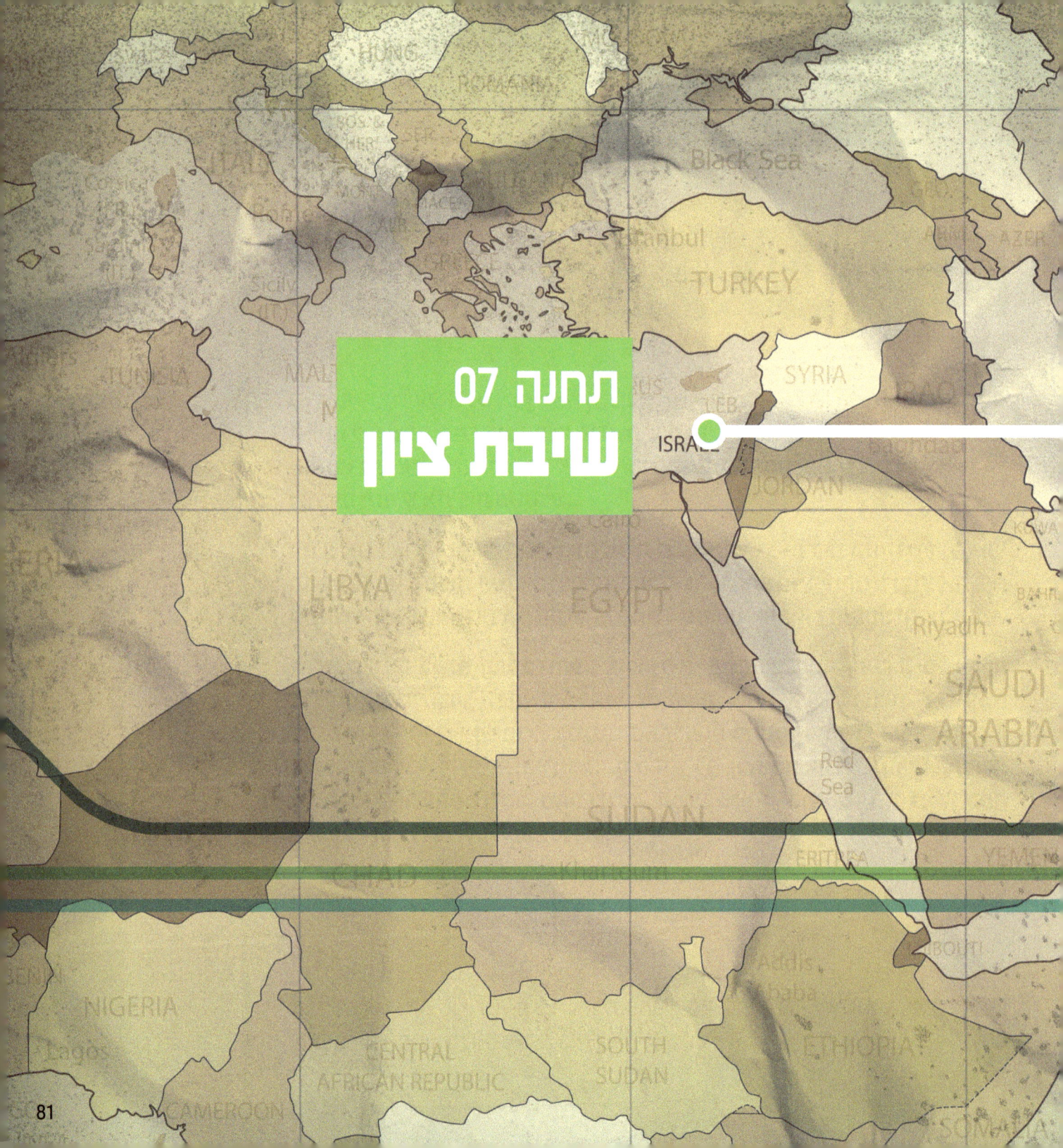

בית המקדש השני

בית המקדש השני

היוונים והמתייוונים

חורבן הבית

רבי עקיבא

כתיבת ספר הזוהר

מאוחר יותר עלה לשלטון המלך כורש, מייסד הממלכה הפרסית. אחדותם המחודשת של היהודים נטעה בו הרגשה שאלוהים מורה לו להחזיר אותם לארצם. הוא פרסם את "הצהרת כורש", שהכריזה שעל היהודים לשוב לארץ ישראל ולהקים מחדש את בית המקדש.

עם שובם לארץ ישראל, החלו בעם ויכוחים על אופן בניית בית המקדש ועל אופי הריבונות, אך למרות זאת הם הצליחו להתעלות ולהתאחד ביניהם ולבנות את בית המקדש השני. האחדות הזו הובילה לאחת התקופות היפות בהיסטוריה של עמנו.

שלוש פעמים בשנה התקבץ העם בירושלים: פסח, שבועות וסוכות. כל עלייה לרגל נמשכה שבוע ימים, והמראות שהביאה עימה היו מרהיבים. בכניסתם לירושלים התקבלו עולי הרגל במנגינות ובזרועות פתוחות. תושבי העיר התייחסו אל העולים כבני משפחה ואירחו אותם בחפץ לב בבתיהם. עמים אחרים התפעלו מרוח האחדות החמה ולקחו מהם דוגמה. המצב הנינוח והמאושר הזה נמשך כמה דורות ללא אירועים או אסונות גדולים.

מן המקורות:

כל בעלי אומנויות שבירושלים עומדים לפניהם [לפני מביאי הביכורים] ושואלים בשלומם, "אחינו אנשי מקום פלוני, באתם בשלום?".

(תלמוד ירושלמי, ביכורים ג', ג')

על ידי בית המקדש וירושלים נעשו כל ישראל כאיש אחד, לפי שהיה להם מזבח אחד ולא היו רשאים לבנות כל אחד ואחד במה לעצמו, עד שעל ידי בית המקדש היו ישראל עם אחד.

(המהר"ל מפראג, "נצח ישראל")

אין משכירים בעלי בתים את בתיהם לעולי רגלים, אלא בחינם נותנים להם ונכנסים לתוכם.

(רש"י על מסכת מגילה כ"ו)

היו אומות העולם ומלכים מתכנסים ובאים למסחר של ארץ ישראל, ומוצאים את כל ישראל בירושלים, והם אומרים, הואיל והצטערנו ובאנו לכאן, נלך ונראה מסחר של יהודים מה טיבה. ועולים לירושלים, ורואים את ישראל שעובדים לאל אחד ואוכלים מאכל אחד. והם אומרים: "אין יפה להידבק אלא באומה זו".

("ספרי דברים", שנ"ד)

החליל מכה לפניהם עד שמגיעים להר הבית. הגיעו להר הבית, אפילו אגריפס המלך נוטל הסל על כתפו ונכנס, עד שמגיע לעזרה. הגיע לעזרה ודיברו הלויים בשיר, "ארוממך ה' כי דיליתני ולא שימחת אויבי לי" (תהלים ל', ב').

(תלמוד ירושלמי, ביכורים ג', ג')

היוונים והמתייוונים

בית המקדש השני

היוונים והמתייוונים

חורבן הבית

רבי עקיבא

כתיבת ספר הזוהר

חלפו כמה עשרות שנים, והיהודים הפכו מרוצים פחות ממסורת הדאגה לזולת והערבות ההדדית. הם התחילו לחקות את מנהגי היוונים ששלטו בארץ, ולמדו מהם את הפילוסופיה והמדיניות שהיו מבוססות על חוקי התורה, אלא שהיוונים רוקנו מהן את תוכנן הרוחני והשאירו רק את קליפת המוסר החיצונית. כאשר התייוונו היהודים ונטשו את יהדותם, הם בהכרח נטשו את אחדותם.

לא הרחק מירושלים, היה מקדש במודיעין ובו כיהן מתתיהו החשמונאי. מתתיהו לא נכנע ליוונים ולהתייוונות, ובעזרת בנו, יהודה המכבי, הוביל מרד נגד הנטייה הזו, וניצח. לפני שנפטר מתתיהו הוא ביקש מבניו לשמור על חיבור ישראל ועל כללי היהדות.

מצוידים בעצתו, כבשו בניו את ירושלים והחזירו את בית המקדש לקדמותו. אלא שלאחר הניצחון החלו המכבים עצמם ואנשי צבאם לסטות מעיקרי היהדות. הם כפו בכוח ובאיומים את הגיור והמנהגים, והרי תוכנה של היהדות הוא אחדות שאותה לא ניתן לכפות או לחייב אלא רק למשוך אליה את הלב, וכך זירזו ממשיכי המכבים את מפלת האומה וחורבן הבית.

מן המקורות:

סילוק האחדות גרם לשנאת חינם ונחלשה חומת ישראל, ועל כן היה כוח ביוונים לפרוץ חומת ישראל.

(רבי שמואל בורנשטיין מסוכטשוב, "שם משמואל")

תחילה חשבו היוונים למשוך את לב העם לתורותיהם על ידי תכסיסים בלבד ובלי מלחמה. מה עשו? קנו את ליבם של קלי הדעת אשר בעם ונתנו להם שלטון במדינה וגם במקדש, ומִינוּם מושלים ושרים, כוהנים גדולים ואמרכלים, זקנים שופטים ושוטרים. הללו התאחדו כולם בכת אחת שקראו לה "מתייוונים". כלומר, לא מיוּוָנים בכוח גזרת המלכות, אלא מתייוונים מרצונם. והם יצאו ופשטו בעם והרביצו בהם מתורת יוון, הסיתו את העם ופיתוהו לזנוח תורת ה' ולסגל לעצמו את אורח החיים היווני כמוהם. ערכו לו נשפי חשק וריקודי עם ויקימו במות לאלילי יוון ויביאו להם תקרובות, ועשו כל ימיהם הילולה וחִנְגה, והקסימו אותם בתפאורותיהם, וליהטום בתענוגותיהם.

(הרב אברהם אליהו כי טוב, "ספר התודעה")

קליפת יוון היה, שעם ישראל יתנהגו דווקא על ידי השׂכל החיצוני שהוא הפילוסופיה הארורה. וזה הוא נגד האמונה, הנקרא חומה. ובשיעור שעלתה בידם להכניס את הפילוסופיה לישראל, באותו שיעור נבחן, שעשו פרצה בחומה. וזה פירוש "ופרצו חומת מגדליי", היינו החומה שהוא סביב המגדל מלא כל טוב, שעל ידי זה זוכים להשיג להשגחה גלויה, שהקדוש ברוך הוא מנהיג את העולם במידת טוב ומיטיב.

(הרב"ש, אגרת מ"ג)

תורת ההתפתחות, ההולכת וכובשת את העולם כעת, היא מותאמת לרזי עולם של הקבלה, יותר מכל התורות הפילוסופיות האחרות.

(הראי"ה קוק, "אורות הקודש")

הבנתה של המילה "רוחניות" אינה שייכת לפילוסופיה כלל. כי איך ידונו על דבר שלא ראו ולא חשו אותו מעולם, ועל מה אדניהם הוטבעו? אלא אם יש איזה הגדרה להבדיל ולחלק, בין רוחני לגשמי, אין זה שייך רק לאלה שהשיגו פעם דבר רוחני וחשו אותו, שהמה הם המקובלים האמיתיים, ולפיכך לחכמת הקבלה אנו צריכים.

(בעל הסולם, מאמר "חכמת הקבלה והפילוסופיה")

רק חסרון האחדות בעם הישראלי גרמה לנו את החורבן.

(הרב יששכר שלמה טייכטל, "אם הבנים שמחה")

הפילוסופיה אוהבת להתגאות שהמה מבינים בעצמותו יתברך, כל בחינת השלילה. מה שאין כן, חכמי הקבלה שמים יד לפה במקום הזה. ואפילו שם פשוט, אינם נותנים לו, כי כל מה שלא נשיג לא נוכל להגדירו בשם ומילה. כי המילה מראה תחילת השגת של מה.

(בעל הסולם, מאמר "חכמת הקבלה והפילוסופיה")

במקום שחכמת הפילוסופיה מסתיימת, שם מתחיל חכמת הקבלה. פירוש, כי הפילוסופים לא חקרו, כי אם עד הגלגלים, ומשם ולמעלה אין יודעים מאומה. וגם בחכמות שמהגלגלים ולמטה, גם כן הם נבוכים מאוד, ברובם ככולם, כידוע להם בעצמם. וחכמת הקבלה מתחלת במקום שמסתיימת חכמתם, דהיינו מהגלגלים ולמעלה.

(רבי נחמן מברסלב, "ליקוטי מוהר"ן")

חורבן הבית

בית המקדש השני
היוונים והמתייוונים
חורבן הבית
רבי עקיבא
כתיבת ספר הזוהר

כפי שכולם יודעים, בית המקדש השני נחרב בשל שנאת חינם. בתקופה זו, שוב יצאה לאור האנוכיות, שהתפתחה והפכה גלויה באופן מכאיב ומזעזע. האומה, שלתקופת מה הייתה מקור השראה של אחדות לעמים אחרים, נתנה להם עכשיו שיעור בלתי נשכח בשנאת אחים.

לפני חורבן הבית, כאשר הוטל מצור על ירושלים, האווירה בעיר הייתה כה קשה, עד שהתושבים היו מתפללים ומתחננים שהאויבים יצליחו לפרוץ את החומות ויגאלו אותם מפורענות מבית. הכתות היריבות נאבקו ורמסו את המתים שנערמו ברחובות ללא קבורה, וכל רעיון אכזרי שעלה בראשם נוסה על הבשר החי. הריב המפלגתי והשנאה הרסו את העיר ומוטטו את בית המקדש.

מן המקורות:

כשקלקלו פנימיות המקדש שבתוכם, אז לא הועיל המקדש החיצוני, ונהרסו יסודותיו.

(רבי חיים מוולוז'ין, "נפש החיים")

נחרב הבית בשביל שנאת חינם, שנחלק לבבם, והיו מחולקים, ולא היו ראויים למקדש אשר הוא התאחדות ישראל.

(המהר"ל מפראג, "נצח ישראל")

Photo by Koshu Kunii on Unsplash

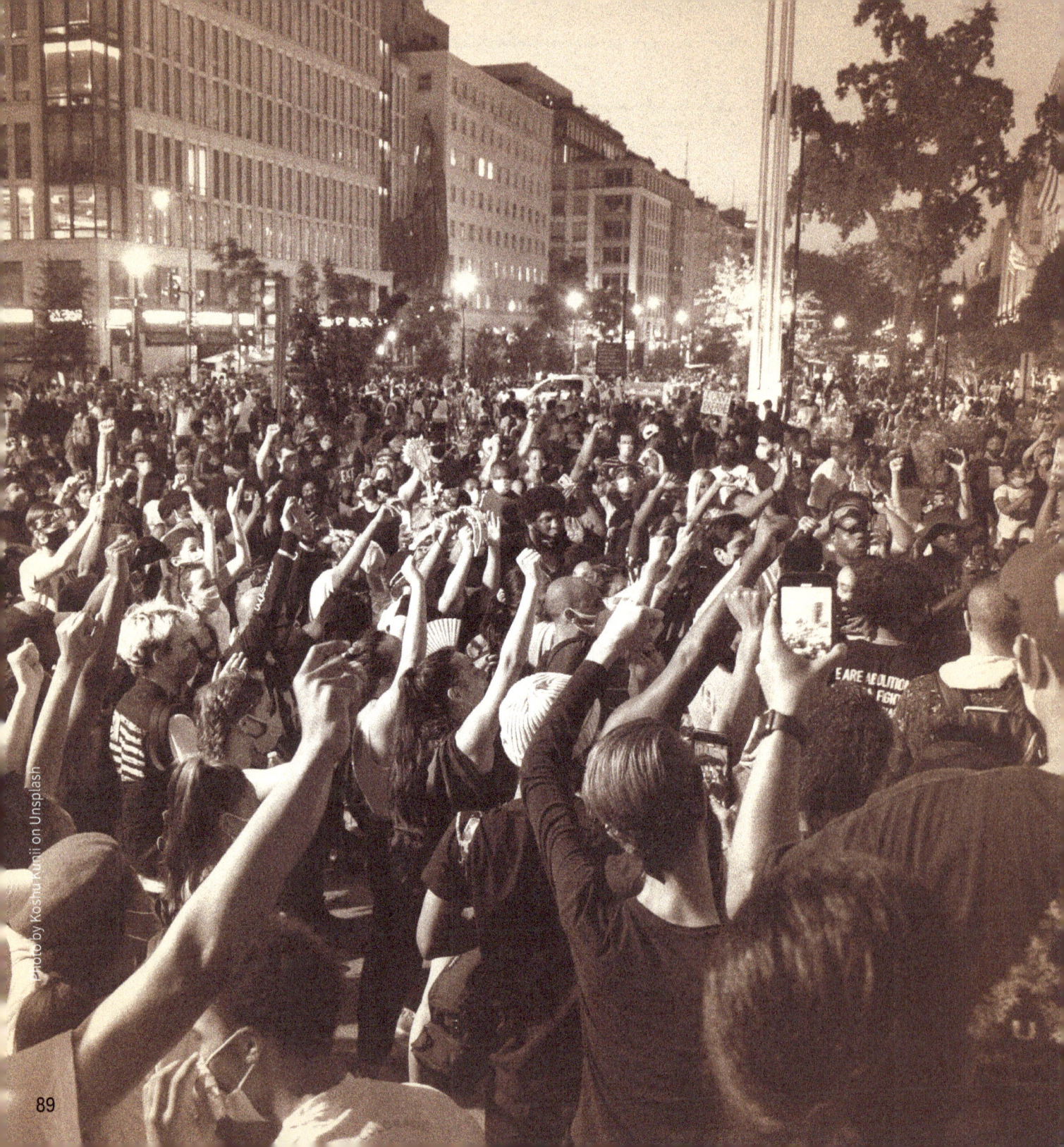

בבית שני הייתה בו שנאת חינם מפני שהייתה חסרה התאגדות ישראל.

(רבי שמואל בורנשטיין מסוכטשוב, "שם משמואל")

בית שני היו בו צדיקים וחכמים גדולים ולא נחרב אלא בעוון שנאת חינם. ולא נתארך הקץ ולא נעלם, אלא לסיבת שנאת חינם. ולא עוד, ששאר העבירות אינו עובר עליהם, אלא בשעתם, אבל שנאת חינם, בלב היא תמיד, ובכל רגע עובר על "לא תשנא את אחיך בלבבך".

(הרח"ו, "שערי קדושה")

חז"ל שהקשו על חורבן בית שני, שלא היה שם עבודה זרה והיה בקיאים בתורה, ועל מה נחרב? ואמרו בשביל שנאת חינם. יכול להיות שהכוונה, על שלא יכלו לעסוק בעיקר בניין התורה, שהוא "ואהבת לרעך כמוך".

(בעל הסולם, אגרת ס')

כמו שהמיתה הטבעית של היחיד היא תוצאה של חסרון הרמוניה מבין איבריו, כן האומה, השקיעה הטבעית שלה היא תוצאה מאיזה הפרעה שנתהווה בין האיברים שלה, כמו שהעידו קדמונינו, "לא חרבה ירושלים, אלא מפני שנאת חינם שהייתה באותו הדור", כי אז נגועה האומה ומתה, ואיבריה נתפזרו לכל רוח.

(בעל הסולם, עיתון "האומה")

כל הצרות שבעולם תחילתן ועיקרן הן על ידי שנאת חינם.
(רבי ישראל מאיר הכהן, "אהבת ישראל")

פרצה המכה בציבור הישראלי עצמה שנקרע לקרעים וכתות ומפלגות שונות עם שיטות ואידיאולוגיות שונות וכל כת לחמה בעד אידיאולוגיה שלה, וכת שכנגדה בעד שלה ולחמו זה את זה וכך פסקה כל סדר ומשטור בארץ ואין סדרים למו ורק צרות וצלמוות העירו בזה בכל מחנות ישראל ודין גורם שהאויב בא מבחוץ וכילה את הכול.
(הרב יששכר שלמה טייכטל, "אם הבנים שמחה")

הלב של אדם הוא הבית שבו האדם גר, שצריך להיות בית דקדושה, שהוא להשפיע לה'. וזה נחרב, ובמקומו בא בניין של אהבה עצמית.
(הרב"ש, מאמר "תיקון חצות")

על ידי שנהרס היסוד בחיק ישראל עצמה, על ידי זה היה יכולת ביד האויבים מבחוץ לבוא עליהם ולכובשם.
(הרב יששכר שלמה טייכטל, "אם הבנים שמחה")

רבי עקיבא

השנאה לא פסחה על איש. אפילו תלמידי רבי עקיבא, שהיו מנוסים ומלומדים בכיסוי הפשעים באהבה ובהתקרבות על פני היצר המרחיק, לא הצליחו להידבק ברבם. הם נשברו אל מול התפרצות האגו הזו, ונספו.

מן המקורות:

הנה תלמידי רבי עקיבא, עם כל גדלותם, לא נהגו כבוד זה בזה כראוי, ועל ידי זה נתפרדו זה מזה, וממילא לא נתנו להשפעת רבי עקיבא רבם לבוא אל תכליתה.

(רבי אליהו אליעזר דסלר, "מכתב מאליהו")

עיקר הפגם של תלמידי רבי עקיבא, היה מחמת שלא היה ביניהם אהבת חסד, שעל ידי זה עיקר המשכת התורה, שהיו צריכים להמשיך מרבי עקיבא רבם, שהיה בחינת התגלות התורה. ועל כן אמר רבי שמעון בר יוחאי "אֲנַן בְּחַבִּיבוּתָא תַּלְיָא מִלְּתָא" [אצלנו באהבה תלוי הדבר], שאנו צריכים שיהיה בינינו אהבה גדולה, שזהו העיקר.

(רבי נחמן מברסלב, "ליקוטי הלכות")

אמרו, שנים עשר אלף זוגות תלמידים היו לו לרבי עקיבא, מִגְּבָת עד אַנְטִיפְרַס, וכולם מתו בפרק אחד, מפני שלא נהגו כבוד זה בזה. והיה העולם שָׁמֵם, עד שבא רבי עקיבא אצל רבותינו שבדרום ולימדה להם, רבי מאיר, רבי יהודה, רבי יוסי, רבי שמעון ורבי אלעזר בן שמוע, והם הם העמידו תורה אותה שעה.

(תלמוד בבלי, יבמות ס"ג, א')

"ואהבת לרעך כמוך", רבי עקיבא אומר: זה כלל גדול בתורה.

(תלמוד בבלי, קידושין ד׳, י״ב)

כתיבת ספר הזוהר

בית המקדש השני

היוונים והמתייוונים

חורבן הבית

רבי עקיבא

כתיבת ספר הזוהר

במערה קטנה בגליל קיבץ רבי שמעון בר יוחאי, תלמידו של רבי עקיבא, תשעה תלמידים. על פני התפרצות האגו, הצליחו עשרת החברים ליצור ביניהם מבנה רוחני מהודק ועוצמתי, ובכוחו כתבו יחדיו את ספר הזוהר. כאשר סיימו את כתיבת הספר, אמר רבי שמעון לתלמידיו, שבעתיד יקום דור שתפקידו יהיה לסיים את תקופת החושך הרוחנית ואת הגלות והחורבן.

בדור זה אנשים ימאסו באהבה עצמית ויבקשו למצוא אהבה עליונה ביניהם, ורק אז יעלה ויתגלה הספר לעולם. בדבריו כיוון לדורנו זה, שאותו כינו מקובלים בשם "דור המשיח" או "הדור האחרון". ובינתיים עד שיגיע הזמן, ספר הזוהר נטמן.

מן המקורות:

מה שנגזר למעלה, שלא יתעסקו בחכמת האמת בגלוי, היה לזמן קצוב, עד שתשלים שנת הר"ן [1490]. ומשם ואילך, ייקרא דור אחרון, והותרה הגזרה, והרשות נתונה להתעסק בספר הזוהר. ומשנת ה"ש ליצירה [1540], מצווה מן המובחר שיתעסקו ברבים, גדולים וקטנים.

(רבי אברהם בן מרדכי אזולאי, "אור החמה")

יודע אני שבזכות ספר הזוהר הקדוש וכתבי הקבלה שיתפשטו בעולם יֵצא עם ישראל לחירות, ובלימוד זה תלויה גאולתנו.

(הרב שלום מזרחי שרעבי, "אור הרש"ש")

הבה נקווה, כי כל אחינו בית ישראל, יקבעו לימוד בספר הזוהר הקדוש יחד, עשיר ואביון, קטון וגדול. ומה טוב ומה נעים, אם ישתדלו לקבוע חברות ללימוד הזוהר. ובפרט לעת כזאת, אשר ניצוצי הגאולה החלו לפרוח, עלינו להשתדל בלימוד הקדוש הזה, המסוגל לביאת משיח צדקנו

(הקדמת הרבנים לספר הזוהר, דפוס ג'רבה)

אמרו בזוהר, שספר הזוהר לא יתגלה אלא באחרית הימים, דהיינו בימות המשיח. כי אמרנו, שאם מדרגות המעיינים אינן בכל השיעור של מדרגת המחבר, לא יבינו רמזיו, משום שאין לשניהם השגה משותפת. וכיוון שמדרגת בעלי הזוהר היא בכל הגובה של קכ"ה [125] מדרגות, אי אפשר להשיגם מטרם ימות המשיח. נמצא, שבדורות שלפני ימות המשיח, אין השגה משותפת עם בעלי הזוהר. ועל כן, לא היה יכול הזוהר להתגלות בדורות שקדמו לדורו של המשיח. ומכאן הוכחה ברורה, שכבר הגיע דורנו זה לימות המשיח.

(בעל הסולם, "מאמר לסיום הזוהר")

ספר הזוהר על
הכוח הטמון באהבת הזולת:

בית המקדש השני

היוונים והמתייוונים

חורבן הבית

רבי עקיבא

כתיבת ספר הזוהר

כל החברים בימיו של רבי שמעון, אהבת נפש ורוח הייתה ביניהם. ומשום זה בדורו היו סתרי התורה בגלוי. והיה אומר, כל החברים שאינם אוהבים זה את זה, גורמים לעצמם, שלא ללכת בדרך הישר. ועוד שעושים פגם בתורה. כי התורה, אהבה ואחווה ואמת יש בה. אברהם אהב את יצחק, יצחק את אברהם, שהיו מתחבקים זה עם זה. יעקב, שניהם היו אחוזים בו באהבה ובאחווה, ונותנים רוחם זה בזה. החברים צריכים להיות כמוהם, ולא לעשות בהם פגם. שאם יחסר בהם האהבה, פוגמים בערכם למעלה, באברהם יצחק יעקב.

("זוהר לעם", מאמר "ועתה הַניחה לי")

הנה מה טוב ומה נעים שבת אחים גם יחד. אלו הם החברים, בשעה שיושבים יחד ואינם נפרדים זה מזה. מתחילה הם נראים כאנשים עושי מלחמה, שרוצים להרוג זה את זה. ואחר כך חוזרים להיות באהבת אחווה. הקב"ה אומר עליהם, הנה מה טוב ומה נעים שבת אחים גם יחד. המילה "גם" באה לכלול עימהם השכינה. ולא עוד, אלא הקב"ה מקשיב לדיבורם. ויש לו נחת והוא שמח בהם. ואתם החברים שכאן, כמו שהייתם בחביבות באהבה מקודם לכן, גם מכאן והלאה לא תיפרדו זה מזה, עד שהקב"ה ישמח עימכם, ויקרא עליכם שלום, ויימצא בזכותכם שלום בעולם. כמו שכתוב, "למען אחיי ורעיי אדַבְּרה נא שלום בךְ".

("זוהר לעם", מאמר "הנה מה טוב ומה נעים")

גלות ונדודים
האר״י הקדוש
הבעל שם טוב
עקרונות החסידות
החלוצים הראשונים
השואה
S I A
Lake Baikal
Vladivostok
Sea of Japan
Sea of Okhotsk
NORTH PACIFIC OCEAN
Philippine Sea

תחנה 08
אלפיים שנות גלות

גלות ונדודים

גלות ונדודים
האר"י הקדוש
הבעל שם טוב
עקרונות החסידות
החלוצים הראשונים
השואה

כאשר נחרב בית המקדש השני והאחדות חדלה להאיר את החזון הרוחני, התפזר עם ישראל למשך אלפיים שנות גלות ונדודים. הארץ שנועדה לטפח על אדמתה אומה שאהבת הזולת חרוטה על דגלה, פלטה את תושביה שהפכו סמל לשנאת חינם. ככאלה, הם לא היו ראויים למדינה, ללאום או לריבונות.

בגולה התמקמו היהודים בקהילות קטנות, אך הייתה זאת התלכדות לצורכי ביטחון וקיום, ולא לשם גילוי הכוח האחד ומימוש התפקיד של עם ישראל. רוב היהודים חדלו לשמור על הכלל הרוחני "ואהבת לרעך כמוך" שעליו נוסד העם, והסתפקו בקיום חיצוני של המנהגים. השאר התבוללו לגמרי, מכפייה או מרצון.

כאשר ישראל גולים מאחדותם, מתפצל וסובל מכך כל העולם, שממיר את סבלו לשנאת יהודים וכאב גדול נגרם לכולם. עם זאת, יש סיבה הכרחית לכל היציאות לגולה, כמו שכתוב בתלמוד, "ואמר רבי אלעזר: לא הגלה הקדוש ברוך הוא את ישראל לבין האומות אלא כדי שיתווספו עליהם גרים". כלומר, מטרת הגלות היא להתחיל לחבר בין עם ישראל לשאר חלקי האנושות, צאצאיהם של תושבי בבל הקדומה.

מן המקורות:

הנה נקבע שיהיו ישראל בגלות כדי לתקן את אומות העולם.

(הראי"ה קוק, "מאורות הראי"ה")

אם אומות העולם מתפרצים מתחת ידי ישראל ושולטים, וישראל נכנעים, הנה ישראל מפסידים ואומות העולם עצמם מפסידים, ישראל מפסידים, שהם בשפלות והקדושה איננה מתחזקת בעולם, לפי שהמקום המיוחד לה, שהוא בישראל, איננו בתיקונו וחוזקו, וכל שכן, שמפסידים האומות עצמם, שאין נמשך להם מהקדושה שום הארה כלל, אלא אדרבא, מיטמאים והולכים ומתרחקים מן הטוב.

(הרמח"ל, "מאמר החכמה")

סיבת הגלות שגלו ישראל בין האומות, מה עניינם? ואמרנו כי אדם הראשון היה כולל כל הנשמות והיה כולל כל העולמות, וכשחטא נפלו ממנו כל הנשמות ההם לתוך הקליפות הנחלקות לשבעים אומות, וצריכים ישראל לגלות שם בכל אומה ואומה, ללקט שושני הנשמות הקדושות, שנתפזרו תוך הקוצים ההם. וכמו שאמרו חז"ל, למה גלו ישראל בין האומות, כדי שיתווספו עליהם גרים.

(הרח"ו, "שער הפסוקים")

השתעבדו ישראל בכל האומות, כדי שיתעלה על ידם העולם. כי הם כנגד כל העולם.

("זוהר לעם", מאמר "ישראל כנגד שאר אומות העולם")

כל גלות שבני ישראל נכנסים בה הוא רק כדי להוציא ניצוצות קדושות שבתוך האומות. כמו שכתוב במדרש על הפסוק "אם ערבת לרעך". שבני ישראל הם ערבים במה שקיבלו התורה לתקן כל העולם.

(רבי יהודה אריה ליב אלתר, "שפת אמת")

האר"י הקדוש

מי שנתן את האות המקדים לעלייה מהגלות הרוחנית היה האר"י הקדוש, רבי יצחק בן שלמה לוריא. הוא קם ופתח דרך חדשה לתיקון העולם, לשינוי כיוון ההתפתחות. עד ימיו נמתח קו השבירה, התפשטות האגו, וממנו והלאה מתחילה ההתקבצות וההתאחדות.

האר"י נחת בארץ ישראל בין מקובלי צפת, ומיד ניכר שהאיש הצעיר מביא רוח חדשה של גאולה מהניכר. תלמידיו היו מעטים, הוא לא הפיץ את תורתו ברבים, ואפילו לא העלה אותה בעצמו על הכתב. את זאת השאיר לרבי חיים ויטאל, תלמידו הקרוב שנותר אחריו. האר"י הכין בכוח את שיטת התיקון שתתאים לתקופה מתקדמת יותר, שבה יקום מקובל גדול אחר בארצות הגולה הגשמית, הבעל שם טוב, ויוציא אותה אל הפועל.

מן המקורות:

מורי היה אומר, שעיקר כוונת הקריאה בתורה, תלוי בזה שיכוון לקשר את נפשו להדביקה לשורשה על ידי התורה, כדי להשלים אילן העליון ולהשלים אדם העליון ולתקנו, כי זה הוא תכלית כל בריאת אדם ותכלית עסקו בתורה.

(הרח"ו, "פרי עץ חיים")

יש הרבה שוטים שבורחים מללמוד רזים [סודות] של האר"י וספר הזוהר, אשר הם חיינו. ולו עמי שומע לי בזמן המשיח, אשר הרע והמינות גובר, היו שוקדים כל ימיהם ללמוד ספר הזוהר והתיקונים וכתבי האר"י, והיו מבטלים כל גזרות רעות, והיו ממשיכים שפע ואור.

(רבי אייזיק יחיאל ספרין מקומרנה, "נוצר חסד")

גלות ונדודים

האר"י הקדוש

הבעל שם טוב

עקרונות החסידות

החלוצים הראשונים

השואה

> יכוון לאהוב לכל אחד מישראל כנפשו, כי על ידי זה תעלה תפילתו כלולה מכל ישראל.

(הרח"ו)

הזהיר מורי ז"ל לי, ולכל החברים שהיינו עימו בחברה ההיא, שנקבל עלינו מצוות עשה של "ואהבת לרעך כמוך", ויכוון לאהוב לכל אחד מישראל כנפשו, כי על ידי זה תעלה תפילתו כלולה מכל ישראל, ותוכל לעלות ולעשות תיקון למעלה. ובפרט אהבת החברים שלנו, צריך כל אחד ואחד ממנו לכלול עצמו כאילו הוא איבר אחד מן החברים האלו. ולמאוד הזהירני מורי בעניין זה.

(הרח"ו, "שער הגלגולים")

לקודמיו של האר"י ז"ל לא ניתנה רשות מהשמיים לגלות ביאורי החכמה, ולהאר"י ז"ל ניתנה הרשות הזאת. באופן שאין להבחין כאן משום גדלות וקטנות כלל, כי יכול להיות שמעלת הקודמים לו הייתה לאין ערוך גדולה ממעלת האר"י ז"ל. אומנם להם לא ניתנה הרשות לדבר זה. ולפיכך נשמרו מלכתוב הביאורים השייכים לעצם החכמה, אלא הסתפקו ברמזים קצרים שאינם נקשרים זה בזה כלל. ומטעם זה, מעת שנתגלו ספרי האר"י ז"ל בעולם, כל העוסקים בחכמת הקבלה הניחו ידיהם מכל ספרי הרמ"ק ז"ל, ומכל הראשונים והגאונים שקדמו להאר"י ז"ל, כמפורסם בין העוסקים בחכמה זו. וכל חיי רוחם הדביקו רק בכתבי האר"י ז"ל בלבד.

(בעל הסולם, מאמר "גילוי טפח וכיסוי טפחיים")

בואו והבינו, כמה וכמה יש לנו להחזיק טובה לרבותינו המשפיעים אלינו אורותיהם הקדושים ומוסרים נפשם להטיב לנפשינו, שנמצאים עומדים בתווך, בין דרך הייסורים הקשים ובין דרך תשובה, ומצילים אותנו משאול תחתית הקשה ממוות, ומרגילים אותנו להגיענו לשמי עונג, לגובה העידון והנועם שהיא חלקנו, המוכן וממתין עלינו מכל מראש, אשר כל אחד ואחד פועל בדורו כפי עוצם אור תורתו וקדושתו, וכבר אמרו ז"ל אין לך דור שאין בו כאברהם יצחק ויעקב. אומנם זה האיש האלוהי רבינו יצחק לוריא ז"ל [האר"י ז"ל], טרח ומצא בעדנו מלוא מידתו, הגדיל הפליא על קודמיו, ואם היה לי לשון מדברת גדולות הייתי משבח אותו יום, שנגלה חכמתו כמעט כיום אשר ניתנה תורה לישראל.

(בעל הסולם, "הקדמה לספר פנים מאירות ומסבירות")

הבעל שם טוב

גלות ונדודים
האר"י הקדוש
הבעל שם טוב
עקרונות החסידות
החלוצים הראשונים
השואה

שנים רבות לאחר חורבן בית שני, מגורשת מספרד הקהילה היהודית הגדולה שהתמקמה בה, לאחר שרבים התנתקו ממנה והשתדלו מאוד להתבולל. עד השואה נחשבו הרדיפות טרום הגירוש לטרגדיה היהודית השנייה בגודלה לחורבן הבית השני, ועד היום סיפורן מהווה פצע פתוח בזיכרון הקולקטיבי של העם.

הקהילה ברובה מתפזרת בין ארצות אירופה, שבהן מתנהלת מלחמה בכל מקום. היהודים סובלים לא רק מהרעב הכבד ששורר ברחובות, אלא גם מהתחושה האינסטינקטיבית המקננת בקרב הגויים, שבידי היהודים מצוי הסוד לאחדות ולשלום והם מונעים אותו מהם. הכעס מוליד פוגרומים באוקראינה ומהומות ברוסיה ובפולין, ושוב רדיפות איומות.

באותה תקופה, הקהילות היהודיות מנותקות זו מזו. מיוסרים מהטרדות, הפסיקו היהודים לקיים את יסודות המסורת. מצבם היה כה ירוד, עד שבקושי ידעו קרוא וכתוב או את עיקרי היהדות: התאחדות ואהבת הזולת.

כשעם ישראל כמעט מאבד את המשמעות לקיומו, פורץ הבעל שם טוב אל היובש הנורא, והעם שותה את מילותיו בצימאון. תורתו מתפשטת במהירות, והוא מעורר בה את נפש האומה הכבויה. שוב קמים בתי כנסת ומקוואות. שוב נישאות באוויר תפילות לאהבת אחים. הוא מלמד את בני העם לחטט בליבם, לבדוק אם הם מוכנים לוותר על טובת עצמם לטובת אחדות ישראל. הוא מלמד למי שליבו דורש את תורת הנסתר, את חכמת הקבלה.

מן המקורות:

חביבה יתרה מודעת לנו מאיתו יתברך שהגיענו וזכינו לרוח אפינו הבעל שם טוב ז"ל, אשר פרשת גדולתו ועוצם קדושתו, למעלה מכל הגה ומכל מילה, לא התבוננו ולא יתבוננו בו, זולת אותם הזכאים ששימשו לאורו, וגם הם לשיעורים, כל אחד ואחד לפי מה שקיבל בליבו. והן אמת, שאור תורתו וחכמתו הקדושה, נבנים על אדני הקודש מהאר"י ז"ל בייחוד, אומנם אין עניינם דומה זה לזה כלל, ואסביר זה על דרך משל למי שנטבע בנהר, והוא עולה ויורד כדרך הנטבעים, שלפעמים נגלים רק שערות ראשו, ואז מטכסים תחבולות, איך לתופסו ולהצילו דרך ראשו ולפעמים נראה גם גופו, ואז מטכסים תחבולות, לתופסו מכנגד ליבו. כן העניין הזה, אחר שאיש ישראל נטבע במים הזדונים גלות העמים, מאז עד עתה, נמצא עולה ויורד, ולא כל הזמנים שווים, אשר בזמן האר"י ז"ל לא נראה אלא ראשו, ועל כן טרח האר"י ז"ל בעדנו, להצילנו דרך ראש, ובזמן הבעל שם טוב ז"ל היה הרווחה, ועל כן היה לברכה בעדנו, להצילנו מכנגד הלב, והיה לנו לתשועה גדולה ונאמנה.

(בעל הסולם, "הקדמה לספר פנים מאירות ומסבירות")

מטרם הבעל שם טוב לא היה ישיבה מיוחדת ללימוד הנסתר, וכל הישיבות שהיו אז, היה רק ללימוד תורת הנגלה. וכל מי שנפשו חשק ללימוד הנסתר, היה קשה למצוא רבי המיוחד לכך. ומשום זה הרבה כוחות הלכו לאיבוד, משום שלא מצאו מקום מיוחד לזה. מה שאין כן לאחר שהבעל שם טוב קבע ישיבה מיוחדת לתורת הנסתר, אז כל התלמידי חכמים, שליבם חרד לדרוש ה' ונפשם חשקה לתורת הנסתר, אז כולם ידעו לאיזה מקום לפנות. ועל ידי זה נתרבו התלמידים בלימוד תורת הנסתר.

(הרב"ש, מאמר "דרך הבעל שם טוב")

עיקר פעולת צדיקי הדורות והשרידים, הייתה מגמתם לקשר נשמות בני ישראל לשורשם, ולהסיר מעליהם המסכים המבדילים, והתאוות הגשמיות, בכדי שיהיו נשמותיהן קשורות בשורשן, לבל יוכלו חס וחלילה להינתק משורשם.

(הבעל שם טוב, "קונטרס מאירת עיניים")

דרך הבעל שם טוב הוא בזה, שסידר חדר, היינו שנתן שיעור לאדמו"רות, וכל מי שגומר את החדר, מקבל תואר רבי. ועניין רבי נקרא מלמד, היינו מי שמלמד לחברו תורה, נקרא רב. ולפני הבעל שם טוב, היה המנהג לקרוא את השם רבי, רק מי שלומד עם תלמידיו תורת הנגלה. ודרך הבעל שם טוב הוא לקרוא בשם רבי, גם את מי שלומד עם תלמידיו תורת הנסתר. משום שהוא סידר ישיבה ללימוד תורת הנסתר.

(הרב"ש, מאמר "דרך הבעל שם טוב")

כשאדם רוצה לקנות איזה חפץ, וצריך לשלם עבורו תמורה, אז צריכים למתווך בין המוכר לקונה. המתווך נותן להבין לקונה שהחפץ שווה יותר מכפי התמורה שהוא צריך לשלם, היינו שהמוכר אינו דורש תשלום רב כל כך עבור הסחורה ששווה הרבה. לכן ספרי מוסר נותנים להבין מה שהאדם צריך לוותר על גשמיות בכדי להשיג רוחניות. והם מלמדים שכל התענוגים הגשמיים הם רק תענוג המדומה, שאין לו שום ערך. אם כן הוא לא נותן תמורה גדולה כל כך בכדי להשיג רוחניות. וספרי הבעל שם טוב נתנו בעיקר כובד המשקל על הסחורה, היינו שנותנים להבין את ערך חשיבות וגדלות של הרוחניות. לכן אף על פי שיש איזה ערך לגשמיות, על משהו צריך לוותר, אבל בערך הסחורה, שהוא כי הם חיינו ואורך ימינו, כמו שכתוב הנחמדים מזהב ומפז רב ומתוקים מדבש.

(הרב"ש, מאמר "הבדל בין ספרי מוסר לספרי הבעש"ט")

עקרונות החסידות

גלות ונדודים
האר"י הקדוש
הבעל שם טוב
עקרונות החסידות
החלוצים הראשונים
השואה

הבעל שם טוב בורר מתוך העם קבוצת אנשים חכמים ומיוחדים, בעלי לב נקי ומוח צלול, ומלמד אותם לעומק את תמצית היהדות האמיתית, פנימיות התורה, שלה הוא קרא "חסידות", עשיית חסד עם הזולת. דרך החסידים הוא מנחיל לעם את יסודות החיבור: מה ששנוא עליך אל תעשה לחברך, היה שמח בחלקך, השתתף בצערו של כל אדם וקרב אליך את כולם.

אם האדם מבין שהוא צריך לכוון את ליבו לבורא דרך יחס יפה לזולת, כל תורת ישראל מתקיימת בו. לכן אין תורה במקום שבו יש כתות ומפלגות, אין חכמת אמת במקום שבו לא שורה אהבת ישראל. אלו הם עקרונות החסידות.

מן המקורות:

עיקר המגן בפני הפורענות הוא האהבה והאחדות, וכאשר יש בישראל אהבה ואחדות ורעות בין זה לזה, אין מקום לשום פורענות לחול עליהם. ומתרחקים על ידי זה כל הקללות והייסורים.

(רבי קלונימוס קלמן אפשטיין, "מאור ושמש")

ידוע שהעיקר הוא התחברות ואהבה וחיבה באמת בין החברים, זה גורם כל הישועות והמתקת הדינים, שתתאספו ביחד באהבה ואחווה ורעות, ועל ידי זה מסולקים כל הדינים, ונמתקים ברחמים, ונתגלה בעולם רחמים גמורים וחסדים מגולים על ידי התחברות.

(רבי קלונימוס קלמן אפשטיין, "מאור ושמש")

עיקר ושורש עבודת ה' היא אהבת חברים, ועל ידה יוכל אדם לבוא לעבודת ה' האמיתית, בראותו כי חבריו, המה שואפים ומתאווים לעבוד ה' בתורה ובתפילה, אז ילהיב לבבו גם הוא להתאחד איתם, וכל מעשי חבריו יהיו גדולים בעיניו ממעשי עצמו.

(רבי קלונימוס קלמן אפשטיין, "מאור ושמש")

האדם יש לו להתפלל תמיד בעד חברו, שלעצמו אין יכול לפעול כל כך, שאין חבוש מתיר עצמו מבית האסורים. אבל על חברו הוא נענה מהרה, וכל אחד יש לו להתפלל בעד חברו, ונמצא זה פועל לזה חפצו וזה לזה, עד שכולם נענים. וזהו שאמרו ישראל ערבים זה לזה פירוש ערבים, לשון מתיקות, מפני שממתיקים זה לזה בתפילתם שמתפללים, כל אחד בעד חברו, ועל ידי זה הם נענים. ועיקר התפילה היא במחשבה מפני שבמחשבה יכול בנקל להתקבל תפילתו.

(רבי אלימלך מליז'נסק, "נועם אלימלך")

המתפלל על חברו הוא נענה תחילה. פירוש, כי האדם המתפלל על חברו נעשה צינור ההשפעה, להשפיע לחברו, שעל ידו הולכת השפע, ועל כן הוא נענה תחילה, כיוון שעל ידו הוא עובר ההשפעה. ובזה יובן "המברך מתברך". כי המברך נעשה צינור ההשפעה, ועל כן הוא מתברך.

(רבי מנחם מנדל מקוסוב, "אהבת שלום")

תן בליבנו שנראה כל
אחד מעלות חברינו ולא
חסרונם, ושנדבר כל
אחד את חברו בדרך
הישר והרצוי לפניך.

(רבי אלימלך מליז'נסק)

"חסידים הראשונים היו שוהים שעה אחת ומתפללים, כדי שיכוונו את ליבם למקום" (ברכות ה', א'). ולשון כיוון, הוא יְשרוּת הלב, והוא ליישר הלב, שלא יהיה פזור בתאוות וחמדות ענייני עולם הזה, רק שיהיה מכוון ומיושר.

(רבי צדוק הכהן מלובלין, "פרי צדיק")

האדם הרוצה לעבוד ה' באמת, צריך לכלול עצמו עם כל הנבראים וכן צריך לחבר עצמו עם כל הנשמות ולכלול עצמו עימהם והם עימו, היינו שלא תשאיר לך, רק מה שצריך לחיבור השכינה כביכול. ולזה צריך קירוב וריבוי אנשים, כי לפי ריבוי האנשים העובדים את ה', יותר מתגלה אליהם אור השכינה, ולזה צריך לכלול עצמו עם כל האנשים ועם כל הנבראים והכול לעלות לשורשם, לתיקון השכינה.

(רבי משה חיים אפרים מסדילקוב, "דגל מחנה אפרים")

נעשו כולם להיות כאיש אחד לעבוד את העבודה הזאת עבודת ה' להיחשב אחד מהם ככולם לכל העבודה הזאת.

(תקנון קבוצת הרמח"ל)

אדרבה, תן בליבנו שנראה כל אחד מעלות חברינו ולא חסרונם, ושנדבר כל אחד את חברו בדרך הישר והרצוי לפניך, ואל יעלה שום שנאה מאחד על חברו חלילה. ותחזק התקשרותנו באהבה אליך, כאשר גלוי וידוע לפניך, שיהא הכול נחת רוח אליך. וזה עיקר כוונתינו. ואם אין לנו שכל לכוון את לבבנו אליך, אתה תלמדנו, אשר נדע באמת כוונת רצונך הטוב.

(רבי אלימלך מליז'נסק, "נועם אלימלך")

החלוצים הראשונים

זרם דק של יהודים מתחיל לקלוח מהגלות לארץ ישראל, ביניהם הרב אברהם יצחק הכהן קוק והרב יהודה לייב הלוי אשלג (בעל הסולם), שני ענקי רוח שמרבים לכתוב אל לב העם ולהתחנן בפניהם שיבנו את הארץ לפי יסודה ותפקידה, לאור חוקי הטבע והכלל הגדול בתורה.

אלא שהחלוצים הראשונים עסוקים מעל ראשם בעבודת אדמה, בסלילת כבישים ובהקמת מוסדות, ואינם פנויים להקשיב לבקשותיהם המודאגות. הפירוד זוחל כנחש אל לב העם, עד שלא פעם שוררת איבה של ממש בין היהודים העולים מארצות גלותם, בהיפוך גמור ממטרת בואנו ומהצורך בהתאחדותנו.

גלות ונדודים

האר"י הקדוש

הבעל שם טוב

עקרונות החסידות

החלוצים הראשונים

השואה

מן המקורות:

הגיע הזמן להזכיר ולהחיות את מה שכבר נשתכח מלבבות רבים. מצב הדור ורוחו דורש ללמד בשכל וממקורה של תורה, את אשר היה ראוי להימצא בטבע את האהבה הלאומית. הלימוד נחוץ לכל המפלגות, לאלה שעומדים בשכחתם, ולא מצאו מסילות בלבבם להרחיב את האהבה הלאומית, כראוי להיות בראש לכל טבע ישר וכל מוסר ונימוס נאה, הטוב בעיני אלוהים ואדם.

(הראי"ה קוק, "אוצרות הראי"ה")

תנאי מחויב לכל אומה, שתהיה מלוכדת יפה מפנימיותה, שכל היחידים שבה יהיו מהודקים זה בזה מתוך אהבה אינסטינקטיבית. ולא לבד, שכל יחיד ירגיש את אושרו באושר האומה והתנוונותו בהתנוונות האומה, אלא שיהיה גם מוכן למסור כל ישותו לטובת האומה בעת הצורך. ולולא כן, הזכות קיום שלהם, בתור אומה בעולם, אבודה היא למפרע.

o-o

בושה להודות, שאחת הסגולות היקרות שאבדנו במשך גלותנו, והחשובה מכול היא אבדת הכרת הלאומיות. היינו הרגש הטבעי ההוא, המקשר ומקיים כל אומה ואומה. כי חוטי אהבה, המקשרים את האומה, שהם כל כך טבעי ופרימיטיבי בכל האומות, יתנוונו וניתקו מליבותינו, חלפו עברו ואינם. והגרוע מכול, כי גם המעט שנשאר בנו מאהבה הלאומית, אינה טבועה בנו מבחינה חיובית, כרגיל בכל האומות, אלא שנתקיים בתוכנו מבחינה שלילית הוא הסבל המשותף, שכל אחד ממנו סובל בתור בן האומה, שזה הטביע בנו הכרה וקרבה לאומית מבחינת קרבת אחים לצרה.

o-o

אנו דומים בזה לגל של אגוזים, המאוחדים לגוף אחד מבחוץ, על ידי שק העוטף ומאגד אותם. שמידת האיחוד ההוא אינה עושה אותם לגוף מלוכד. וכל תנודה קלה הנעשה על השק, מוליד בהם התרוצצות ופירודים זה מזה. ובאים על ידה בכל פעם לאיחודים ולצירופים חלקיים מחדש. וכל החיסרון הוא, מה שחסר להם הליכוד הטבעי מבפנים. וכל כוח איגוד הוא מתוך מקרה חיצוני. בענייננו אנו דבר זה מכאיב מאוד את הלב. ובאמת גחלת הלאומיות עוד שמורה בנו בכל שיעורה, אלא שנתעממה ואינה פעילה בתוכנו. גם ניזוקה במידה מרובה מתוך התערובת שקיבלה מהחוץ, כאמור. אולם זה עוד אין מעשיר אותנו כלל. והמציאות מרה מאוד. התקווה היחידה היא לסדר לעצמנו חינוך לאומי באופן יסודי מחדש, לגלות ולהלהיב שוב את אהבה הלאומית הטבעית העמומה בנו, לחזור ולהחיות אותם השרירים הלאומיים, שאינם פעילים בנו זה אלפיים שנה, בכל מיני אמצעים המתאימים לדבר. אז נדע שיש לנו יסוד טבעי, בטוח להיבנות מחדש ולהמשיך קיומנו בתור אומה, מוכשרת לשאת את עצמה ככל אומות העולם.

אהבה הלאומית שביחידי האומה היא היסוד לעצמיותה של כל אומה, שאינה מתקיימת ואינה מתבטלת זולת בסיבתה. ולכן היא צריכה להיות הדאגה הראשונה בדרך תחיית האומה. כי אהבה זו אינה מצויה כעת בקרבנו, כי אבדנו אותה בדרך נדודינו בין אומות העולם זה אלפיים שנה. ורק יחידים נתקבצו כאן, שאין בין אחד לחברו שום קשר של אהבה לאומית טהורה. אלא אחד מקושר בשפה המשותפת, והשני במולדת משותפת, והשלישי בדת המשותפת, והרביעי בהיסטוריה משותפת, ורוצים לחיות כאן על פי אמת המידה, שכל אחד היה חי באומה שממנה בא, ואינו לוקח כלל בחשבון, ששמה הרי הייתה האומה כבר מבוססת על בניה עצמה עוד מטרם שהוא בא ונצטרף אליה, ולא לקח שם חלק פעיל בהתייסדות האומה

(בעל הסולם, עיתון "האומה")

עדיין השטן מרקד בינינו ועתידים הרועים ליתן את הדין על זה, יען שאינם משתדלים לאחד את כל העם הישראלי באגודה אחת וכי רק זה לבד התרופה למכותינו.

(הרב יששכר שלמה טייכטל, "אם הבנים שמחה")

עמי המאושר! והאומלל! מאושר הינך בהתאחדות, אומלל הינך בהתפזרות, חלש הינך בפזרותך וחזק הינך באיחוד רצונך.

(הרב יששכר שלמה טייכטל, "אם הבנים שמחה")

ניצוח האויבים תלוי ביותר בהתאחדות ישראל.

(רבי שמואל בורנשטיין מסוכטשוב, "שם משמואל")

השואה

במקביל למתרחש על אדמת ישראל, מתקבע בין הקהילות שנשארות בגולה זלזול עמוק. נתק מתגלה בין דתיים לחילוניים ובינם לבין עצמם בקרב הזרמים השונים. הפערים החברתיים מעמיקים, שנאה מתפרצת בין הפלגים ופושטת ביניהם אדישות האחד לגורל האחר. רבים מנסים להתבולל ולהיטמע בין הגויים בארצות מוצאם, אך ניסיונם משיג תוצאה הפוכה כמובן ומזרז את הגזרה. האנטישמיות מתגברת והשואה מתחילה.

גם מפני השואה ניסו הראי"ה קוק, בעל הסולם ועוד שכמותם להזהיר בצעקה שאסון מתקרב, שחייבים לצאת מאירופה שהלכה והפכה פראית ואכזרית ביחסה ליהודים, אלא שמעטים הקשיבו. בעל הסולם עשה כל שבכוחו כדי להסביר ליהודים בגולה שהשנאה אליהם מתגברת משום שנטשו את פנימיות היהדות, את אחדות העם, את אהבת ישראל. הוא סיפר להם על ההזדמנות שניתנה לנו לבוא ולבנות חברת מופת על אדמת הארץ. הוא עצמו אף עלה לישראל ואיתו כל משפחתו, אבל הקהילה באירופה החרימה אותו ולעגה לשידוליו.

מן המקורות:

כבר מסרתי עיקרי דעותיי בתרצ"ג [1933]. גם דיברתי עם מנהיגי הדור, ודבריי לא נתקבלו אז אף על פי שצווחתי ככרוכייה והזהרתי אז על חורבן העולם, לא עשה זה רושם.

(בעל הסולם, "כתבי הדור האחרון")

- גלות ונדודים
- האר"י הקדוש
- הבעל שם טוב
- עקרונות החסידות
- החלוצים הראשונים
- **השואה**

118

רעל השנאה שתקף לאומות העולם להשמידנו מעל פני האדמה, כיליון האיום של מיליונים מאחינו, ועוד ידם נטויה. יצר הסדיסטי שבהם לא ידע שבעה. ועוד האסון כפול, כי לא נוכל להשלות עצמנו, אשר כל זה הוא רק תופעה זמנית חולפת. כמו שמנוסים אנו ביותר בהיסטוריה, שאם איזה אומה התפרצה עלינו, מצאנו לה תחליף באומה אחרת. אבל עתה המצב משונה הוא לגמרי. כי מלבד שהקיפו אותנו בבת אחת מכל קצווי ארץ, הרי גם האומות הנעלות ביותר, נעלו בעדינו את הדלתות, בלי רגש כלשהו של חמלה ורחמים. ובאופן אכזרי כזה, שאין לו תקדים בכל התהליך של ההיסטוריה האנושית, אפילו בימים הברבריים ביותר.

(בעל הסולם, עיתון "האומה")

אם אי אפשר לתקוע בשופר כשר לגאולה, באים אויבי ישראל ותוקעים באוזנינו לגאולה, הם מכריחים אותנו לשמוע קול שופר, הם מתריעים ומרעישים באוזנינו ואינם נותנים לנו מנוח בגולה, עמלק, היטלר יימח שמו וכולי, מעוררים לגאולה. ומי שלא שמע קול השופר הראשון, ואף לקול השופר השני הרגיל לא רצה לשמוע, כי אוזניו נאטמו, הוא ישמע לקול השופר הטמא הפסול, בעל כורחו ישמע.

(הראי"ה קוק, "מאמרי הראי"ה")

דורנו זה שכינסו אותנו בכור ברזל ובתנור בוער כאש ובעוונותינו הרבים רוב מאחינו בני ישראל יושבי אירופה נאבדו בכור ברזל הזה והמעט שנשארו המה ממש כאוד המוצל מאש ועם שרידי חרב והנה ראינו והוכחנו לדעת שהדרך שהלכנו עד כה באריכות הגלות שהייתה מלא במחלוקת ופירוד לבבות ובמפלגות שונות ובשנאת חינם לא ניחם אותנו אל מקום חפצנו רק אדרבה ניחם אותנו אל הכליה רחמנא ליצלן. וכל זאת יש לתלות רק על ידי ריבוי המחלוקת שהייתה בישראל.

(הרב יששכר שלמה טייכטל, "אם הבנים שמחה")

אם אי אפשר לתקוע בשופר כשר לגאולה, באים אויבי ישראל ותוקעים באוזנינו לגאולה.

(הראי"ה קוק)

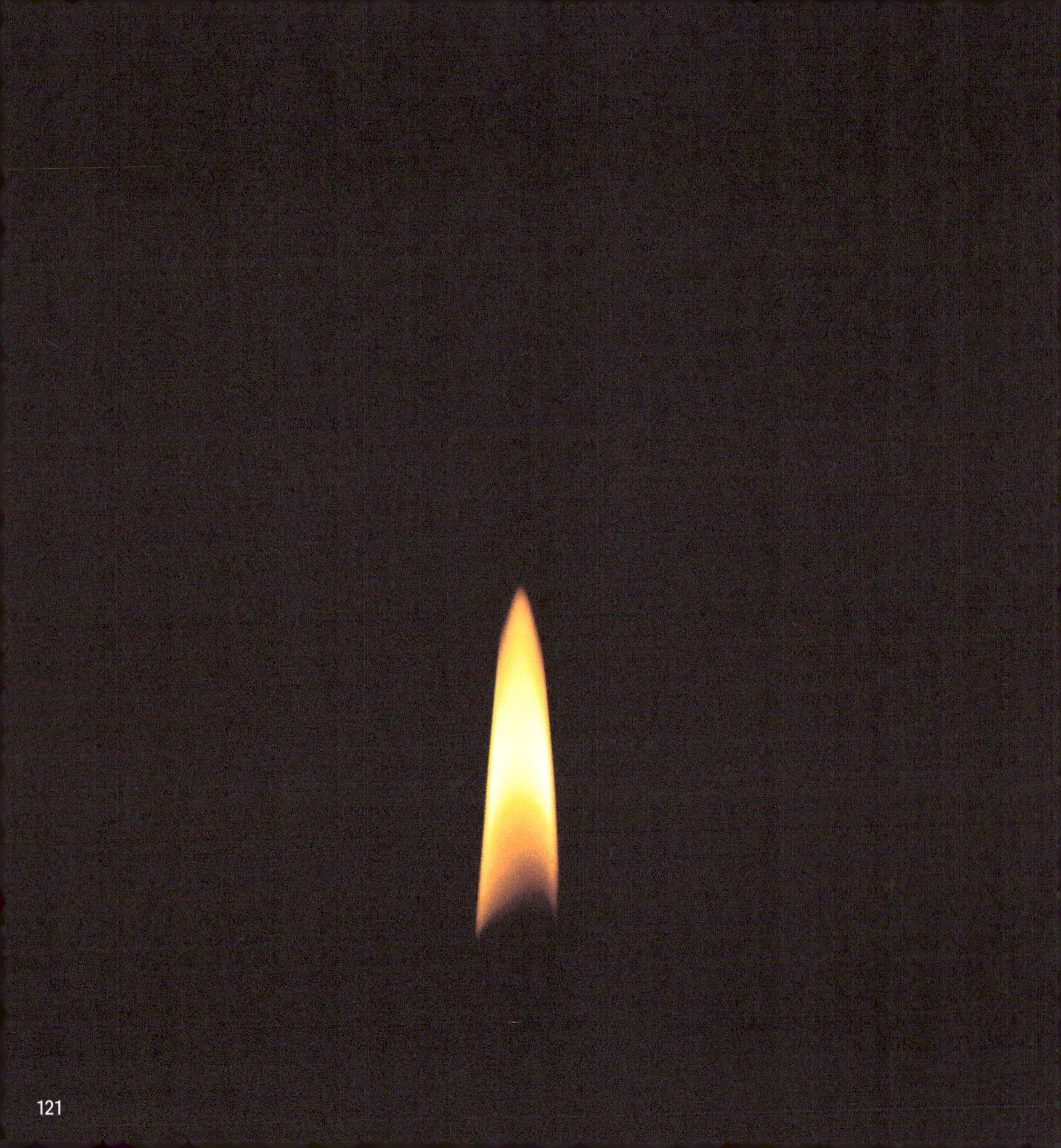

מולדת
מהות ישראל
ההזדמנות
Lake Balkhash
Urumqi
KYRGYZSTAN
TAJIKISTAN
Tehran
Persian Gulf
Karachi
New Delhi
NEPAL
BHUTAN
BANGLADESH
Kolkata
Dhaka
INDIA
Mumbai
Rangoon
Arabian Sea
Bay of Bengal
ANDAMAN ISLANDS (INDIA)
LAKSHADWEEP (INDIA)
NICOBAR ISLANDS (INDIA)
SRI LANKA

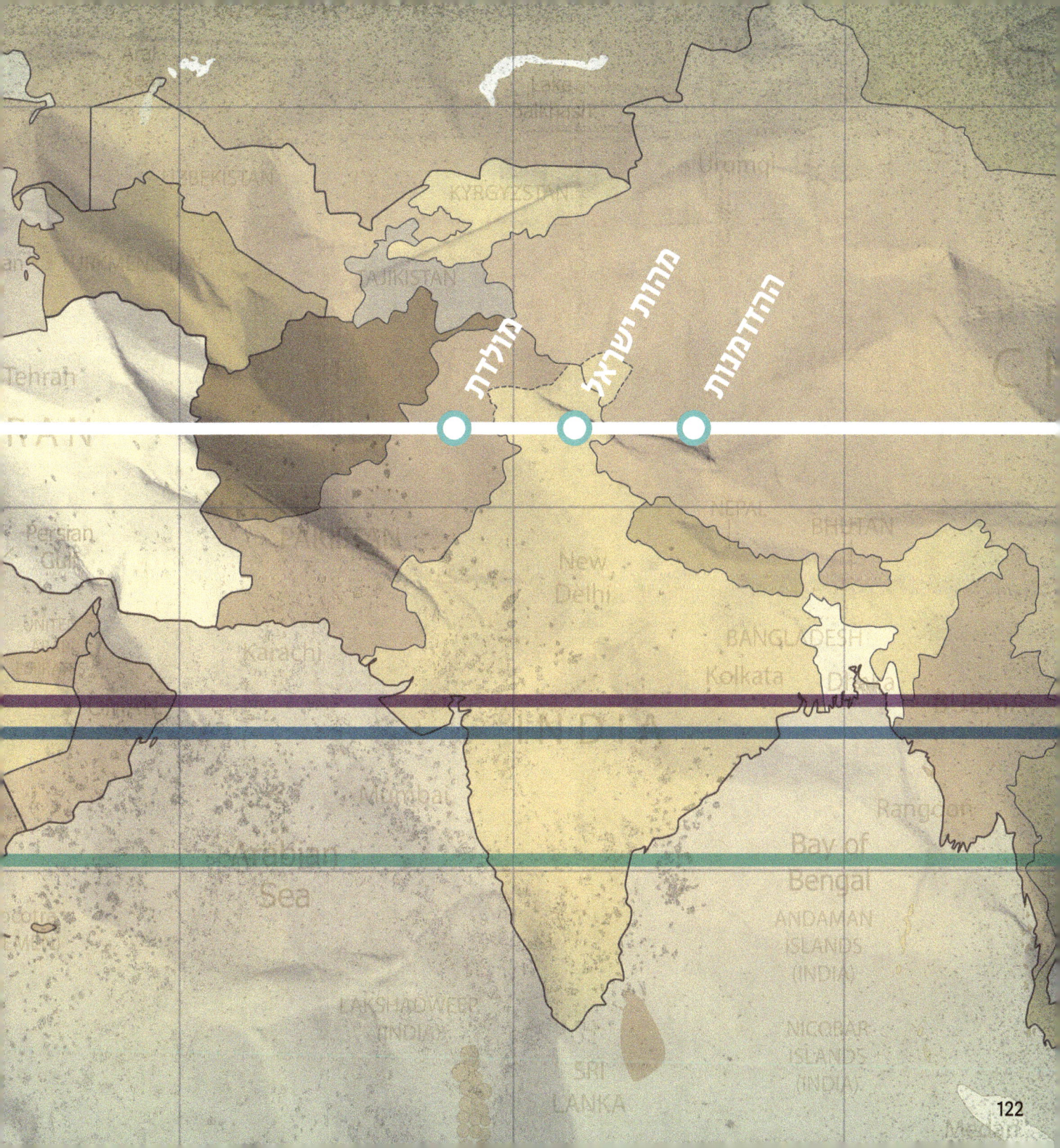

תחנה 09

ארץ ישראל

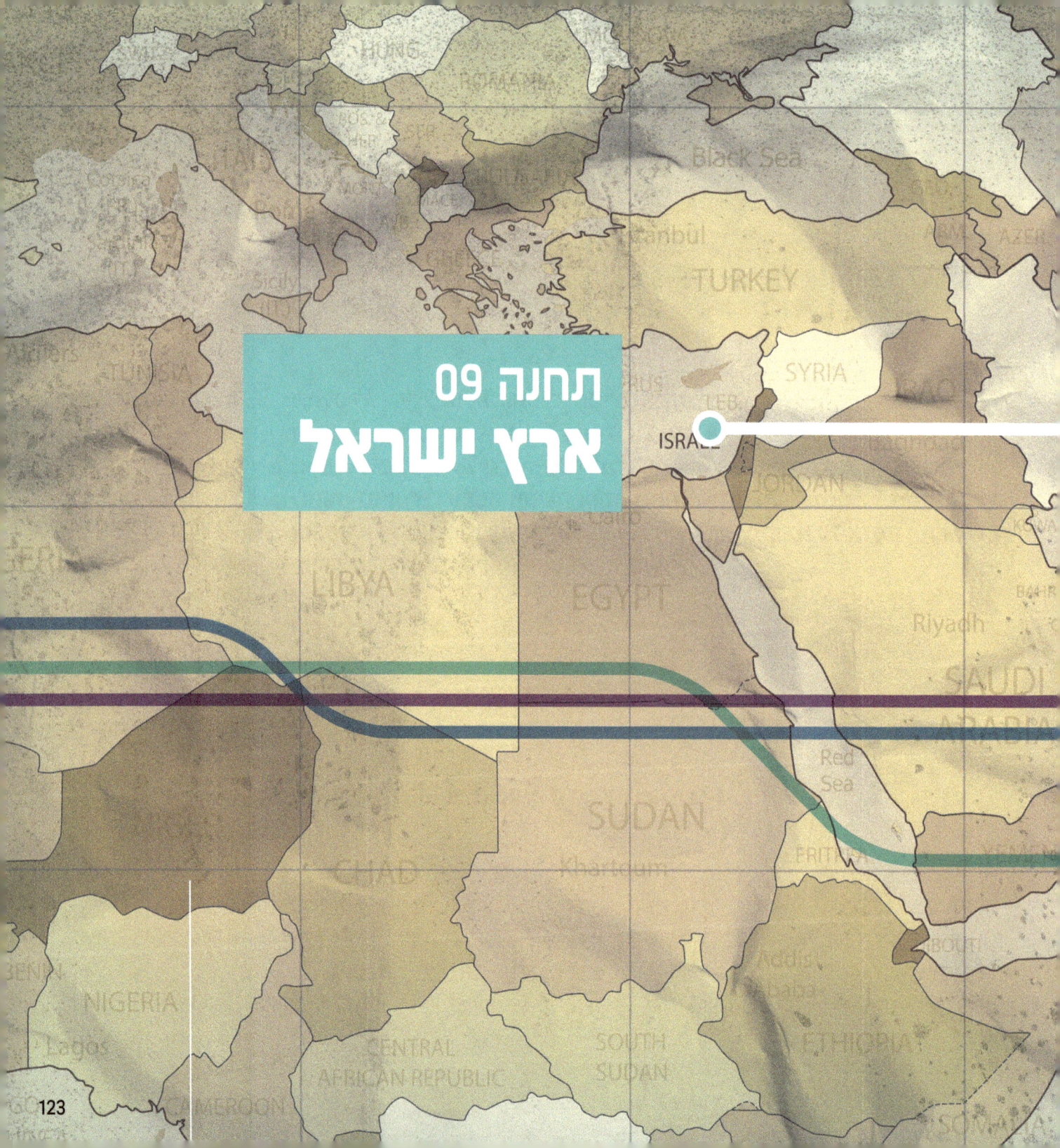

מולדת

מולדת
מהות ישראל
ההזדמנות

לעולם לא יהיה לישראל שקט בין הגויים. אנחנו רואים זאת שוב ושוב. יהודים מנסים להשתלב בכל כוחם בין אומות העולם ולהוכיח את נאמנותם השלמה לארץ שבה נולדו, אולם בסופו של דבר האומה המארחת מתהפכת עליהם והם מוקעים ונרדפים למוות. גם ארצנו עצמה מקיאה אותנו ממנה בכל פעם שאנחנו לא מממשים בה את מהות המושג "ישראל" ומאמצים תרבויות זרות. מקומנו על אדמת ישראל תוך מימוש תפקידנו ההיסטורי, והאחד בהכרח כרוך באחר.

מן המקורות:

כמו שהקב"ה הוא סוד האחדות כן הוא גם ארצנו הקדושה אחוז בסוד האחדות.

(הרב יששכר שלמה טייכטל, "אם הבנים שמחה")

דורנו הוא דור נפלא, דור שכולו תימהון. קשה מאוד למצוא לו דוגמה בכל דברי ימינו. הוא מורכב מהפכים שונים, חושך ואור משמשים בו בערבוביה. הוא שפל וירוד, אך גם רם ונישא, הוא כולו חייב, וגם כולו זכאי. אנחנו חייבים לעמוד על אופיו למען נוכל לצאת לעזרתו. הבה נכין לו את הדרך, נראה לו את מבוא העיר. נודיע לו שימצא מה שהוא מבקש, דווקא בגבול ישראל.

(הראי"ה קוק, "עקבי הצאן")

עניין הגלות בא רק בזמן שלא שומרים את ערכה של הארץ, וממילא אין מכבדים את הארץ כפי שהיא ראויה, לכן הארץ זורקת את האדם לחוץ לארץ, כמו שכתוב, "ותקיא הארץ את יושביה". ה' יעזור לנו שנזכה להבין את מעלת ערכה של ארץ ישראל ולידע איך להחשיבה שלא תקיא אותנו חס ושלום.

(הרב"ש, אגרת נ"ז)

ובגויים ההם לא תרגיע ולא יהיה מנוח לכף רגליך (דברים כ"ח, פ"ה). והעולה על רוחכם היו לא תהיה אשר אתם אומרים נהיה כגויים כמשפחות הארצות (יחזקאל כ', ל"ב). הרי ה' יראנו בעליל שאין כל קיום לישראל בגלות, ולא ימצאו להם מנוח כמו שאר העמים שנתערבו בגויים ומצאו להם מנוח, עד שנטמעו ביניהם, ולא נשאר מהם זכר. לא כן בית ישראל – עַם זה לא ימצא לו מנוח בין הגויים, עד שיתקיים בו הכתוב, "וביקשתם משם את ה' אלוהיך ומצאת כי תדרשנו בכל לבבך ובכל נפשך".

(בעל הסולם, מאמר "הגלות והגאולה")

אמרו חז"ל שלא מצא הקב"ה כלי מחזיק ברכה לישראל אלא השלום, כלומר, כל זמן שהאהבה העצמית והאגואיזם שוררים בין האומות גם בני ישראל לא יוכלו לעבוד את ה' על צד הטהרה בדבר השפעה לזולת, וזהו שאמרו, לא מצא הקב"ה כלי מחזיק ברכה, כלומר, עד כאן עדיין לא היה לבני ישראל כלי המחזיק ברכת האבות, ועל כן עוד לא נתקיימה השבועה שנוכל לרשת ברכת הארץ לנצחיות, כי רק שלום העולם הוא הכלי היחיד המאפשר אותנו לקבלת ברכת האבות, כנבואת ישעיהו.

(בעל הסולם, מאמר "השלום")

מולדת
מהות ישראל
ההזדמנות

מהות ישראל

אומות העולם נוצרו באופן טבעי מתוך החיים של מקבץ משפחות ובודדים על חלקה גיאוגרפית, חבורת אנשים שעם השנים פיתחו ביניהם שפה, מנהגים ותרבות משותפים. לא כך האומה הישראלית. אנשיה התקבצו מכל כנפות בבל, כאשר המשותף להם הוא המשיכה לרעיון הרוחני שביטא אברהם אבינו. רק לאחר מכן ניתנה להם חלקת אדמה מיוחדת כדי לעבוד על מימוש הרעיון הרוחני הזה.

לצורך כך ניתנה לישראל גם התורה, כדי שייתקנו לאורה על אדמתם ויהיו לאגודה אחת, וכך יכשירו את הקרקע לכל העולם. עם ישראל הוא קבוצה ייחודית המחזיקה ברעיון המיועד לא רק עבור עצמה אלא עבור האנושות כולה, שתכליתה השוואת הצורה הרוחנית והידמות התכונות לכוח העליון. תפקיד ישראל הוא להיות מעבר מצורת קיום אנוכית לחיים רוחניים של ערבות הדדית.

מן המקורות:

הותקנה ונעשית האומה הישראלית כמין מעבר, שעל ידיהם יזרמו ניצוצי ההזדככות לכל מין האנושי שבעולם כולו. באופן שניצוצי הזדככות הללו הולכים ומתרבים יום יום, כדמיון הנותן לאוצר, עד שיתמלאו לשיעור הנרצֶה, דהיינו עד שיתפתחו ויבואו לידי כך, שיוכלו להבין את הנועם ואת השלווה השרויים בגרעין של אהבת זולתו. כי אז יבינו להכריע את כף הזכות, ויכניסו את עצמם תחת עולו יתברך, וכף החובה יתבער מן הארץ.

(בעל הסולם, מאמר "הערבות")

האומה הישראלית הותקנה בבחינת "מעבר", אשר באותו שיעור שישראל עצמם יוצאים מצורפים על ידי קיום התורה, כן מעבירים את כוחם לשאר האומות.

(בעל הסולם, מאמר "אהבת ה' ואהבת הבריות")

כשייתקנו הפרטים בדרך כלל ישראל, ממילא יתוקנו כללות העולם. נמצא, בשיעור שאנו מתקנים את עצמנו, בשיעור הזה יתוקן אומות העולם. וזה סוד מה שאמרו חז"ל, "זכה, מכריע את עצמו ואת כל העולם כולו לכף זכות". ולא אמרו, "מכריע את כלל ישראל", אלא כי "ואת העולם כולו לכף זכות". היינו, שהפנימיות יתקן את החיצוניות.

(בעל הסולם, מאמר "מקודם יהיה תיקון העולם")

רק על ידי התורה שתתקיים בישראל יבא השלום הגמור והאהבה הנאמנה, ויתפתח הרגש הטהור של הכרת האחווה שבין איש לאחיו, בשביל שאנו בנים לה' אחד, שהוא אדון כל הארץ. וכאשר תיגמר ההתפתחות הזאת בנו בתוכנו, במדרגה הראויה להיות מופת לרבים, יכירו זאת כל העמים ואז תחל ברכת השלום להיות שרויה בעולם.

(הראי"ה קוק, מאמר "תעודת ישראל ולאומיותו")

העם הזה נוצר ובא בשביל כל התבל, להכשרת עתידה.

(הראי"ה קוק, "חדריו")

וכאשר יושלמו בני ישראל עם דעת השלם, יתגברו מעיינות התבונה והדעת מעל לגבול ישראל וישקו לכל אומות העולם.

(בעל הסולם, "הקדמה לספר פנים מאירות ומסבירות")

„

על ידי האומה הישראלית יזרמו ניצוצי ההזדככות לכל המין האנושי שבעולם כולו.

(בעל הסולם)

Photo by Cole Keister on Unsplash

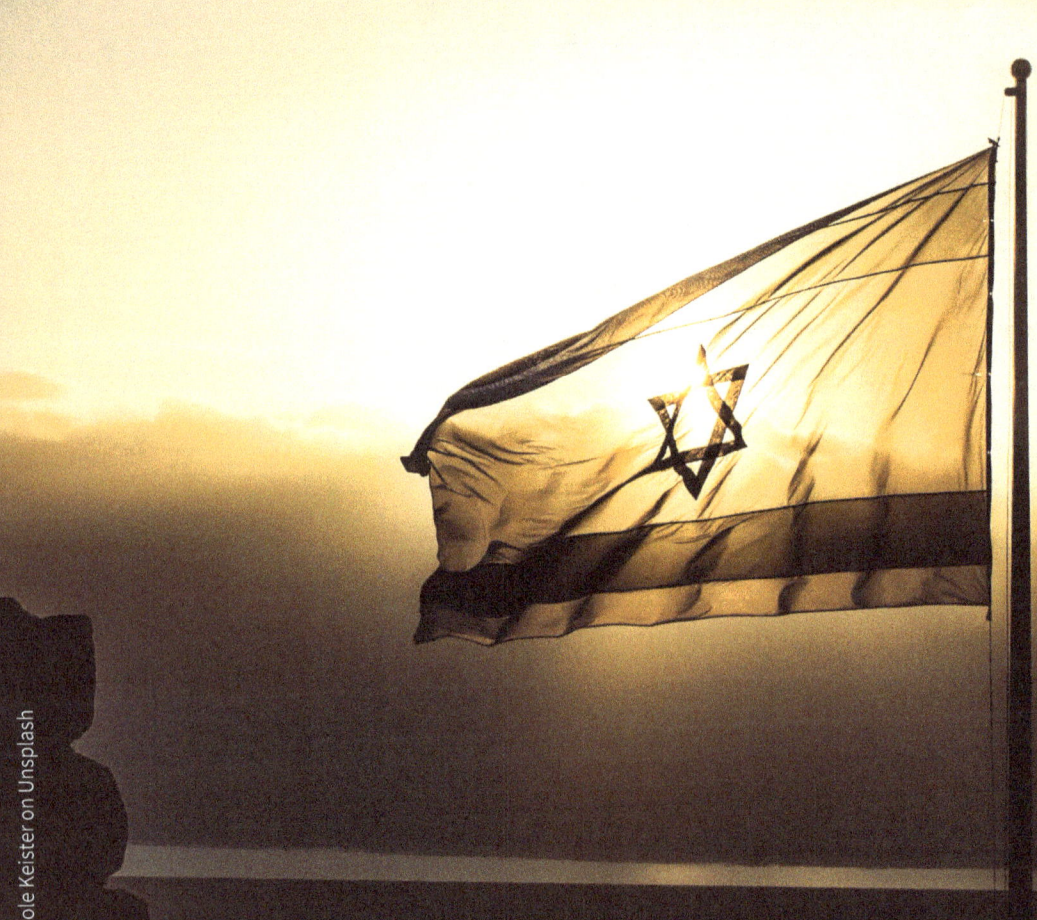

ההזדמנות

אחר השואה, בתום אלפיים שנה מחורבן הבית השני, קיבלנו הזדמנות מחודשת להקים על אדמת ישראל את עם ישראל שאהבת חינם היא נרו. בעבודה קשה הקמנו מדינה בעלת עוצמות כלכליות, צבאיות וטכנולוגיות בלתי רגילות, פיתחנו מוסדות לימוד בעברית וטיפחנו תרבות ענפה ומקורית, אך אווירת מלחמה שוררת בארץ מיום הקמתה.

הסכסוך הישראלי-פלסטיני הוא חסר פתרון, האנטישמיות והאיבה לישראל מתגברות, ומשעה לשעה מתגבר ביתר שאת הפירוד המפחיד בינינו, שמזכיר את התחנות האפלות בתולדות עמנו ומאיים להיות הנוראה שבהן. כל אלו מעידים כאלף עדים על כך שטרם מימשנו את ייעודנו להיות עם ישראל במדינת היהודים, "אור לגויים", דוגמה ומופת לחברה שבה שוררת אהבת אחים מעל כל ההבדלים. ניתן לנו חלון הזדמנויות להקים מעפר את רוח ישראל על אדמת ישראל. ההזדמנות ניתנה, אך טרם השכלנו לקבל אותה, והחלון הולך ונסגר.

מן המקורות:

הנני להציע לבית ישראל, שיאמרו לצרותינו די, ויעשו חשבון, חשבון אנושי על כל פנים, מכל אלו הרפתקאות, ששינו ושילשו עלינו, וגם פה בארצנו, שאנו רוצים להתחיל במדיניות משלנו מחדש, שאין לנו כל תקווה להיאחז על הקרקע בתור אומה, כל עוד שלא נגביה את מטרתינו מתוך החיים הגשמיים, לא יהיה לנו תקומה גשמית, כי הרוחני והגשמי שבנו אינם יכולים לדור בכפיפה אחת, כי אנו בני האידאה.

(בעל הסולם, מאמר "הגלות והגאולה")

מולדת

מהות ישראל

ההזדמנות

הקב"ה הוציא ארצנו הקדושה מרשות הנוכרים והחזירה לנו. ובכל זאת, עדיין לא קיבלנו הארץ לרשותנו, מפני שעוד לא הגיע זמן הקבלה. באופן שנתן, ואנחנו עוד לא קיבלנו. ועוד הרבה יותר מזה, כי אין גאולת הגוף בלי גאולת הנפש. וכל עוד שרוב בני הארץ שבויים בתרבויות הזרות של האומות, ואינם מסוגלים כלל לדת ישראל ותרבות ישראל, הרי גם הגופות שבויים תחת הכוחות הנוכרים. ומבחינה זו, נמצאת עוד הארץ בידי הנוכרים.

(בעל הסולם, "מאמר לסיום הזוהר")

אף על פי שהקב"ה הוציא הארץ מרשות האומות, ונתנה לנו, עם כל זאת אנו עוד לא קיבלנוה, ואין אנו נהנים מזה. אלא, שבנתינה זו נתן לנו הקב"ה את ההזדמנות לגאולה. דהיינו, להיטהר ולהתקדש ולקבל עלינו עבודת ה', בתורה ובמצוות לשמה. ואז יבנה בית המקדש ונקבל הארץ לרשותנו. ואז נחוש ונרגיש בשמחת הגאולה. אבל כל עוד שלא באנו לזה, שום דבר לא נשתנה, ואין שום הפרש בין נימוסי הארץ עתה, מכפי שהייתה עדיין תחת ידי זרים, הן במשפט, הן בכלכלה, והן בעבודת ה'. ואין לנו, אלא הזדמנות לגאולה.

(בעל הסולם, "מאמר לסיום הזוהר")

היהדות צריכה לתת דבר חדש לגויים, ולזה המה מחכים משיבת ישראל לארץ. ואין זה בחכמות אחרות, כי בהם לא חידשנו מעולם ובהן אנו תמיד תלמידיהם. אלא המדובר הוא בחכמת הדת ובצדק ובשלום, שבזה רוב הגויים תלמידנו הם. וחכמה זו מיוחסת רק לנו.

(בעל הסולם, מאמר "כתבי הדור האחרון")

בבל המודרנית
הדור האחרון
Caspian Sea
Tehran
IRAN
KUWAIT
Persian Gulf
Riyadh
SAUDI ARABIA
YEMEN

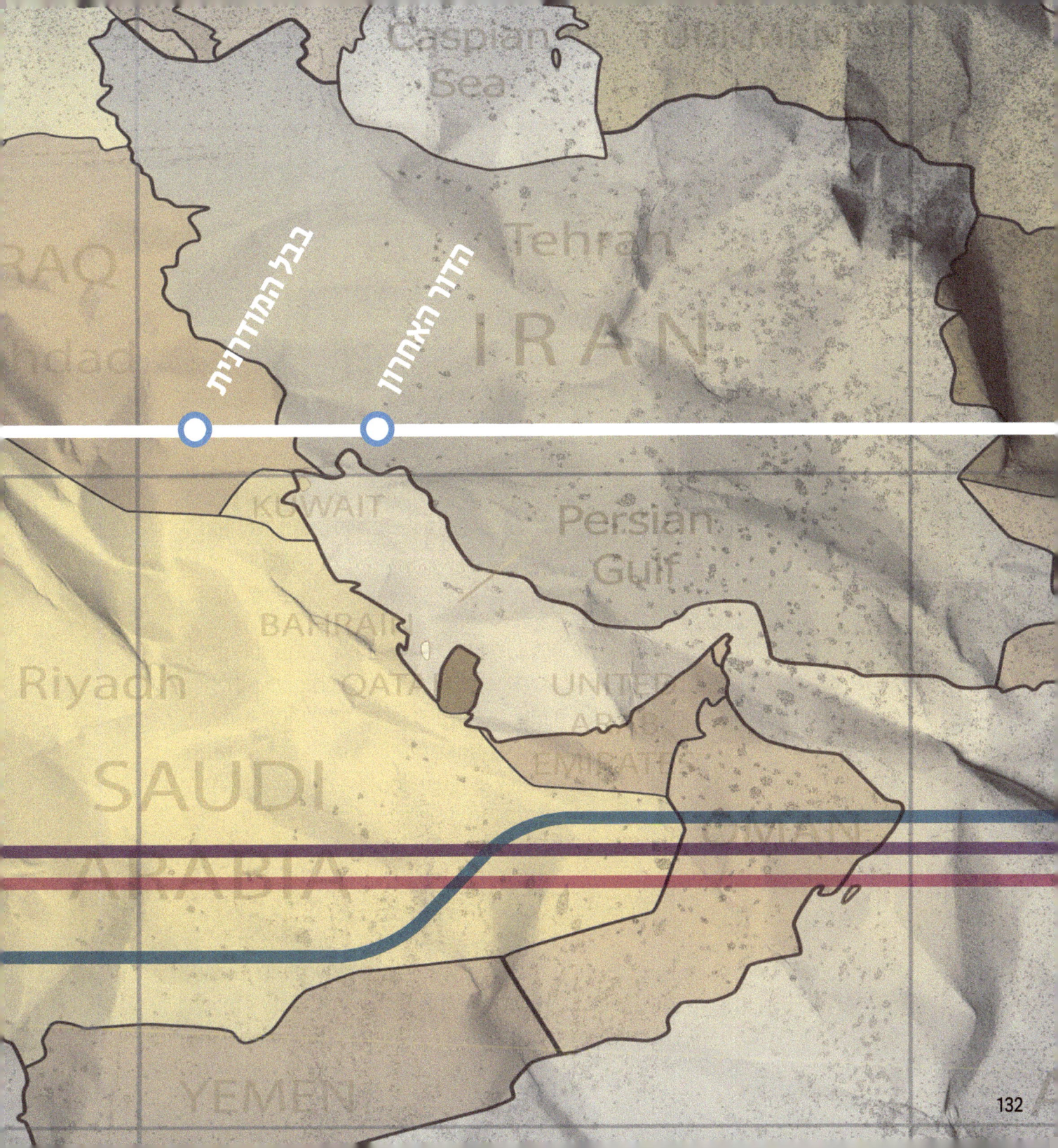

תחנה 10
סגירת מעגל

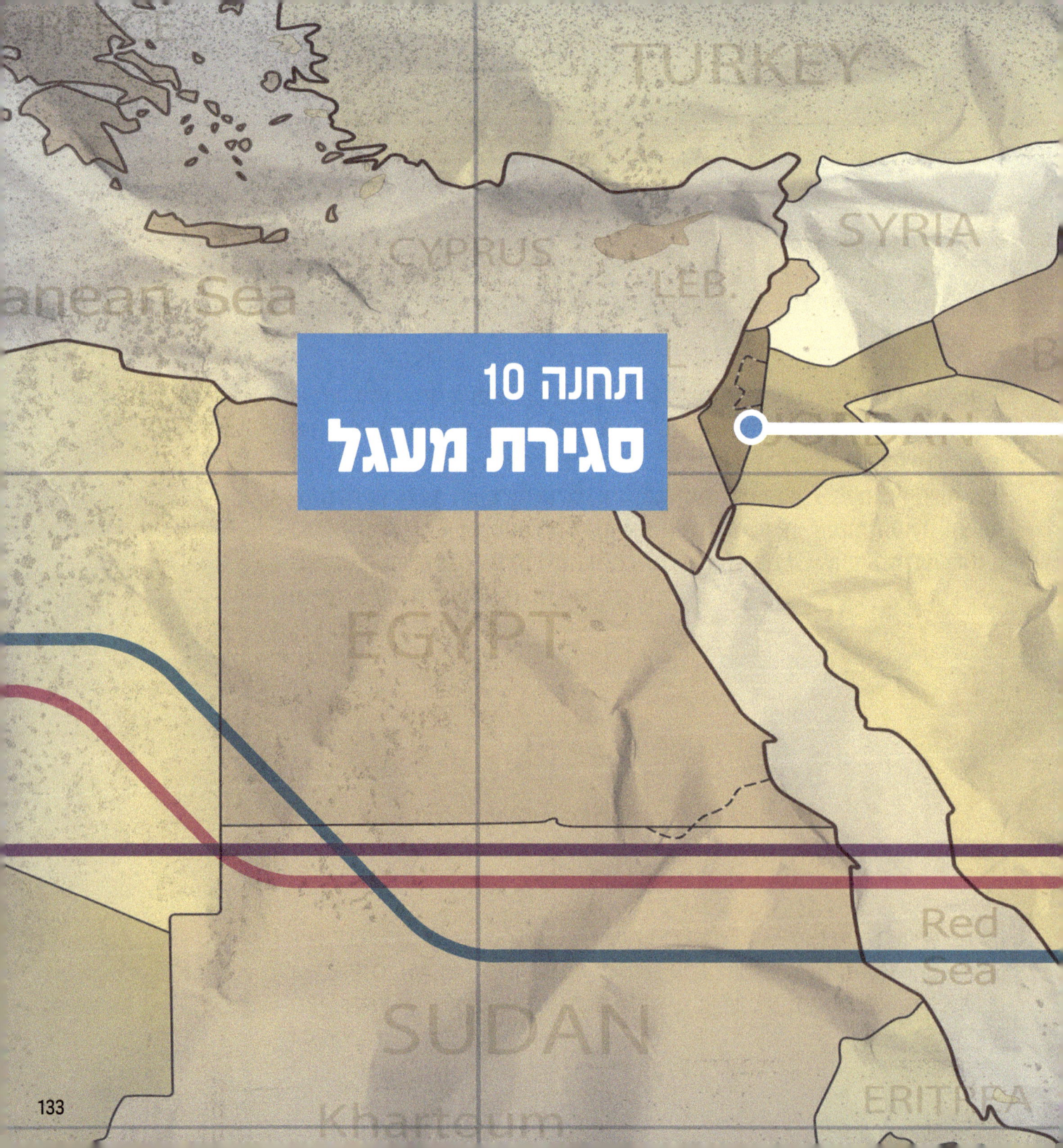

בבל המודרנית

בבל המודרנית

הדור האחרון

בעודנו מתכתשים היום בינינו בארץ ישראל, מתוך שנאה ופירוד קשים עד ייאוש, מתרחש סביבנו המשבר הגדול ביותר שידעה האנושות. זהו משבר כולל שמתפשט בין כל האומות שהרכיבו את בבל הקדומה, העולם הפך גלובלי והגיע למבוי סתום של מלחמות וצער. האנוכיות הולכת ומתגלה כמחוללת אסון, שכולם צופים את בואו בחיל ורעדה אך אינם מסוגלים לרסן את יצרם המשתלח. אומות העולם מצפות שאנחנו, ישראל, נבין את תכליתנו ונבצע את שהתחייבנו לו, להיות ממלכת כוהנים וגוי קדוש, עם של חסד ואחדות, אור לגויים.

מן המקורות:

עיקר הבריאה והבחירה, ותיקון וקלקול העולם, הכול תלוי בישראל.

(רבי אייזיק יחיאל ספרין מקומרנה, "נוצר חסד")

"אין טובה באה לעולם אלא בשביל ישראל", "בשביל", הוא לשון מסילה ודרך, שתיקנו שביל מעבר השפע. ובהיפך, קלקול השביל, גורם דינים ופורענות חס ושלום, מאחר שאין ייחוד. שישראל מופרדים משורשם הכללי שהוא אינסוף, נפרד חס ושלום כל העולם והנבראים גם כן.

(מנחם נחום מטשרנובל, "מאור עיניים")

בניין העולם, המתמוטט כעת לרגלי הסערות הנוראות של חרב מלאה דם, דורש הוא את בניין האומה הישראלית. בניין האומה והתגלות רוחה הוא עניין אחד, וכולו הוא מאוחד עם בניין העולם המתפורר ומצפה לכוח מלא אחדות ועליונות, וכל זה נמצא בנשמת כנסת ישראל.

(הראי"ה קוק, "אורות המלחמה")

אין פורענות באה לעולם אלא בשביל ישראל.

(תלמוד בבלי, יבמות ס"ג, א')

גדולה היא אמונתי, שכל רעש עולמי הזה של שעת מעבר-עולם שאנו חיים בו, לא בא בעיקרו כי אם בשביל ישראל. קרואים אנו כעת לתפקיד גדול וקדוש, למלאותו ברצון ודעה, לבנות את עצמנו ואת כל העולם ההרוס עימנו יחד.

(הראי"ה קוק, "אגרות הראי"ה")

כל התרבויות שבעולם יתחדשו על ידי חידוש רוחנו, כל הדעות יתיישרו, כל החיים יאורו בשמחת לידה חדשה בהתקוממותנו, כל האמונות ילבשו בגדים חדשים. ברכת אברהם לכל גויי הארץ תחל את פעולתה בתוקף ובגלוי, ועל פי יסודה יחל מחדש בניינו בארץ ישראל. החורבן העכשווי הוא הכנת תחייה חדשה לשם ה' אשר יהיה הולך ומתגלה.

(הראי"ה קוק, "אורות המלחמה")

בבל המודרנית
הדור האחרון

הדור האחרון

מקובלים מכנים את תקופתנו "הדור האחרון" או "דור המשיח", שנמשך מיצרו אל החיבור. זה אותו דור שדיבר בו הזוהר הקדוש, שייעודו להגיע למדרגת האיחוד השלם. בדיוק כנגד עוצמת האיחוד שעלינו להשיג, נמצא היום עם ישראל, ואיתו העולם כולו, במצב הכי ירוד ומפורד בכל הזמנים. אין בנו צמא רוחני. איבדנו זיקה לרעיון שעל פיו קמנו כאומה, ואין אחדות ואהבת הזולת כערך עליון. אנחנו עסוקים במריבות ובסכסוכים, מפורדים ומחולקים לזרמים ולתת-פלגים, והשנאה אוטמת את האוזניים מלשמוע שכל שמצווה עלינו לעשות הוא להתאחד דרך תיקון הלב.

וכמו שהבטיח רבי שמעון בר יוחאי לתלמידיו, דווקא לדור הזה האחרון, המלא בריב וריק מרוח, התגלה מחדש ספר הזוהר. לנו הוא נועד. לכן טרח הרב המקובל יהודה אשלג, בעל הסולם, וערך אותו בגישה נוחה. הוא קרא לחיבורו "הסולם", "שאם יש לך עלייה מלאה כל טוב (שהוא ספר הזוהר) אינך חסר אלא 'סולם' לעלות בו, ואז כל טוב העולם בידיך". עם הזוהר ושאר כתבי הקבלה, בכוחנו להצליח בימינו להתרומם מעל כל המכשולים, להתאחד בינינו ולממש את הרעיון שלשמו התקבצנו כאן על אדמתנו. כל טוב העולם בידינו.

מן המקורות:

וכבר דיברתי כמה פעמים, שדווקא זה הדור הנראה כל כך ריק ופורק עול, הוא היותר מוכשר לאור תשובת אמת.

(הראי"ה קוק, "אגרות הראי"ה")

אי אפשר לרוח אדם, שהרגשת נשמתו פועמת בו, להיות שוקט בשעה גדולה זו, מבלי לקרוא לכל הכוחות הצפונים באומה, עורו וקומו על תפקידכם. קול ה' קורא בכוח, ומתוכיות נשמתנו ומתנועות החיים אנו מבחינים אותו, ישראל מוכרח לחשוף את מקור חייו, לעמוד הכן על רגלי אופיו הרוחני. נכריז על כוחו של ישראל המאוחד, המאחד את כל עם ה' לכל פלגיו, שהוא הסוד של היהדות הנצחית שעל ידו נתרומם ונתנשא מעל כל המכשולים אשר בדרך תחייתנו הלאומית.

(הראי"ה קוק, "מאמרי הראי"ה")

דורנו זה הוא הדור של ימות המשיח. ולפיכך, זכינו לגאולת ארצנו הקדושה מידי הנוכרים. גם זכינו להתגלות ספר הזוהר, שהוא תחילת קיום הכתוב "ומלאה הארץ דעה את ה'", "ולא ילמד עוד איש את רעהו ואיש את אחיו לאמור, דעו את ה', כי כולם ידעו אותי למקטנם ועד גדולם" (ירמיהו ל"א, ל"ג).

(בעל הסולם, "מאמר לסיום הזוהר")

כתוב בזוהר שבחיבור הזה יצאו בני ישראל מן הגלות, וכן עוד בהרבה מקומות, שאך ורק בהתפשטות חכמת הקבלה ברוב עם, נזכה לגאולה השלמה, וכן אמרו חז"ל המאור שבה מחזירו למוטב, ודקדקו זה בכוונה גדולה להורותינו שרק המאור שבתוכיותה. בה צרור זו הסגולה, להחזיר האדם למוטב, דהן היחיד והן האומה, לא ישלימו הכוונה שעליה נבראו, זולת בהשגת פנימיות התורה וסודותיה. ועל כן להתפשטות גדולה של חכמת האמת בקרב העם אנו צריכים מקודם, באופן שנהיה ראוים לקבל התועלת ממשיח צדקינו, ולפיכך תלויים המה התפשטות החכמה וביאת משיח צדקנו זה בזה, והבן היטב. וכיוון שכן הרי אנו מחויבים לקבוע מדרשות ולחבר ספרים, כדי למהר תפוצת החכמה במרחבי האומה.

(בעל הסולם, הקדמה לספר "פנים מאירות ומסבירות")

עתה קרבו הימים, שהכול יכירו וידעו שישועת ישראל וישועת העולם כולו תלויה רק בהופעת חכמת הקבלה, בשפה ברורה.

(הראי"ה קוק)

מפני שהדור ראוי לכך, שהוא הדור האחרון, העומד על סף הגאולה השלמה. ולפיכך הוא כדאי להתחלה של שמיעת קול שופרו של משיח, שהוא סוד גילוי נסתרות.

(בעל הסולם, מאמר "שופר של משיח")

עומק הרע ורוממות שורשו הרי הוא עומק הטוב, נמצא שעומק השנאה הרי הוא עומק האהבה. ואם נחרבנו, ונחרב העולם עימנו, על ידי שנאת חינם, נשוב להיבנות, והעולם עימנו ייבנה, על ידי אהבת חינם.

(הראי"ה קוק, "אורות הקודש")

הנשמה שלנו גדולה היא, חזקה ואדירה, חומות ברזל היא משברת, הרים וגבעות היא מפוצצת, רחבה היא מרחב אין קץ, אי אפשר לה להתכווץ, מוכרחת היא להתפשט, על כל אלה מיליוני הנפש הישראליות שלנו, בכל דרגותיהם, בכולם. בכולם נשמתנו תתפשט, את כולם תחבק, את כולם תחייה ותעודד.

(הראי"ה קוק, "אורות ישראל")

www.ingramcontent.com/pod-product-compliance
Lightning Source LLC
Chambersburg PA
CBHW082041200426
43209CB00053B/1338
* 9 7 8 1 7 7 2 2 8 1 5 4 5 *